城镇居民体育锻炼行为干预的理论与实践研究

郭新艳 著

西南交通大学出版社
·成 都·

图书在版编目（CIP）数据

城镇居民体育锻炼行为干预的理论与实践研究 / 郭新艳著. —成都：西南交通大学出版社，2017.3
ISBN 978-7-5643-5293-6

Ⅰ.①城… Ⅱ.①郭… Ⅲ.①城镇-居民-体育锻炼-行为干预-研究-中国 Ⅳ.①G806②G812

中国版本图书馆 CIP 数据核字（2017）第 033995 号

城镇居民体育锻炼行为干预的理论与实践研究

郭新艳 著

责 任 编 辑	李　伟
特 邀 编 辑	张芬红
封 面 设 计	严春艳
出 版 发 行	西南交通大学出版社 （四川省成都市二环路北一段 111 号 西南交通大学创新大厦 21 楼）
发 行 部 电 话	028-87600564　028-87600533
邮 政 编 码	610031
网　　　　址	http://www.xnjdcbs.com
印　　　　刷	成都蓉军广告印务有限责任公司
成 品 尺 寸	170 mm × 230 mm
印　　　　张	9
字　　　　数	129 千
版　　　　次	2017 年 3 月第 1 版
印　　　　次	2017 年 3 月第 1 次
书　　　　号	ISBN 978-7-5643-5293-6
定　　　　价	55.00 元

图书如有印装质量问题　本社负责退换
版权所有　盗版必究　举报电话：028-87600562

前　言

在现代社会中，体育逐渐呈现出它的多种功能和多种属性，其意义和作用远远地突破了原有的概念和范畴，体育与人类的生存和发展越来越密切相关。体育的本质属性和社会学意义决定了体育必然要承担促进人类健康的重任。十八届五中全会通过的《中共中央关于制定国民经济和社会发展第十三个五年规划的建议》明确提出"推进健康中国建设"的新任务。"发展体育运动，增强人民体质"一直是新中国体育事业的根本任务和发展方向。而有规划地定期参与体育锻炼是维护生命张力、降低慢性病风险、对抗亚健康最有效的方法。在对居民健康管理和健康促进相关项目的研究和实践中发现，居民的生活方式与身体健康存在密切的关系，体育锻炼活动不多或身体活动过少给个体体质健康带来的危害性已被人们广泛认知，但真正参加体育锻炼活动并形成有规律的习惯的个体并不多。

通过对国内外锻炼行为、行为干预、干预实验等相关文献进行深入细致地回顾和分析，作者发现目前研究在取得丰富成果的同时也存在需要进一步完善的地方，如对个体体育锻炼行为没有依据锻炼行为的周期和变化机制进行对照干预、干预手段单一、干预对象范围有限等。鉴于此，本书借鉴国内外的最新研究成果，对城镇居民体育锻炼的态度和行为特征及其影响因素进行系统性分析和论证，在对照干预效果的基础上提出有关健康促进的方法和手段。该研究可以促使人民大众从观念上明确体育锻炼与促进健康的关系，有助于我们加深对体育锻炼行为的理解，进而为相关的干预研究提供科学依据，以期为我国全民健身工作的进一步开展提供理论借鉴。

作　者

2016 年 11 月

目　录

第一章　导　论 ·· 1

第二章　干预模型的构建 ··· 7
 第一节　相关研究模型 ·· 7
 第二节　模型假设的形成 ··· 13
 第三节　模型变量的计算 ··· 20
 第四节　模型分析方法 ··· 22
 第五节　实证程序 ·· 30

第三章　前测分析 ·· 32
 第一节　描述分析 ·· 32
 第二节　探索性因子分析 ··· 33
 第三节　信效度检验 ··· 39
 第四节　模型及量表修正 ··· 42

第四章　模型检验与修正 ··· 43
 第一节　描述分析 ·· 43
 第二节　分布检验 ·· 44
 第三节　行为预测及检验 ··· 53
 第四节　行为结构及检验 ··· 73

第五章　实测分析 ·· 86
 第一节　测试参与者的选取 ··· 86
 第二节　测试工具的构成 ··· 86
 第三节　干预实验设计 ··· 89

第六章　干预效果分析 ·· 104
第一节　模型假设的验证 ·· 104
第二节　干预效果对比 ·· 107
第三节　干预效果的实践指导 ·· 118

后　记 ·· 123

参考文献 ··· 124

附录 I　访谈问卷 ·· 133

附录 II　正式调查量表 ··· 134

第一章 导 论

一、研究意义

随着社会的发展，人们对城市居住环境、生活方式的改变以及由此引发的居民疾病率与死亡率的改变等一系列问题日益重视。在对居民健康管理和健康促进相关项目的研究和实践中发现，居民的生活方式与身体健康存在密切的关系，体育锻炼活动不多或身体活动过少给个体体质健康带来的危害性已被人们广泛认知。一些与生活方式有关的慢性疾病成为死亡的主要原因，不活动已确立为冠心病和心肌梗死的一个危险因素。流行病研究表明："增加身体活动似乎能减少男人得结肠癌和妇女得生殖系统癌的可能性[1][2]"。根据2008年对全世界15岁以上成年人的调查数据显示：有接近31%的人群身体活动不足，而每年大约有320万人因为身体活动不足而引发死亡[3]。世界卫生组织官方统计数字显示：2008年有缺乏锻炼数据的159个国家（59%）中，72个国家当年缺乏锻炼率超过30%。在世界卫生组织美洲区和东地中海区两大区域中，人们缺乏锻炼率超过40%[4]。而世界卫生组织2013年最新全球健康统计数据表明，缺乏体育锻炼占全球人口死亡的6%，位列全球范围死亡危险因素的第四位。缺乏锻炼比例数据显示，现阶段还没有方法能有效地促进定期体育锻炼行为。

事实上，关于如何最大限度地鼓励定期体育锻炼这一问题的研究讨

---

[1] BERNSTEIN L, HENDERSON B E, HANISCH R, et al. Physical exercise and reduced risk of breast cancer in young women[J]. J Natl Cancer Inst, 1994, 86 (18): 1403-1408.

[2] MARCUS B H, PINTO B M, AUDRAIN J E, et al. Physical activity behavior among female employees[J]. American Journal of Health Promotion, 1994, 9: 49-55.

[3] FULTON J E, KOHL H W. 2008 Physical Activity Guidelines for Americans[Z]. U. S. Department Health Human Services, 2008.

[4] Prevalence of insufficient physical activity, age 15+, age-standardized: both sexes[C]. Geneva: World Health Organization, 2008.

论已经持续了数十年,公共医疗机构和世界卫生组织早已开始通过公共健康宣传活动和不同程度的干预措施来应对缺乏体育锻炼的问题[1]。因此,如何应对身体锻炼活动参与不足而引发的公共卫生危机,如何设计和制定行之有效的行为干预方法和途径成为亟须解决的关键性问题。

对城镇居民体育锻炼行为发生机理与行为干预的效果进行论证和分析,可以促使人民大众从观念上明确体育锻炼与促进健康的关系,有助于加深对体育锻炼行为的理解,为城镇居民健康教育、健康行为咨询和健康行为干预提供理论基础,为不锻炼人群"亚健康"状态的预防和健康促进提供操作上的实施框架和理论指导。

二、相关概念界定

(一)锻炼

"锻炼(Exercise)"或称"锻炼行为(Exercise Behavior)",是指为了达到某个特殊的目的(如改善外表、增强心肺功能、增加身体柔韧性、消除压力、增加乐趣等)而实施的一种身体活动。"锻炼"与身体活动的概念有区别,也有一定的联系。锻炼是身体活动的一部分,目的在于增进或维持身体素质的一个或多个方面。身体活动还包括涉及身体动作的其他活动,如游戏、工作、出行(不用机动车)、家务和娱乐活动等,其各自包含的要素如表1.1所示[2]。需要说明的是,尽管身体活动和锻炼之间存在一定的区别,但它们具有一个共同的特点,就是两者都需要消耗能量。

从预防医学的角度来看,身体活动和锻炼行为对预防高血压、心脑血管疾病以及其他慢性病均具有一定的作用[3]。

"锻炼行为"的主要特点是具有明确而具体的目的性和一定的强度特征,人们从事该种行为具有特定的目的:"为了提高或保持健康和身体素质,而且这种行为是在一定的时间内经常重复的"。

---

[1] BARRETO P de S. Why are we failing to promote physical activity globally? [J]. Bull World Health Organ, 2013, 91: 390-390A.
[2] NUNNALLY J C. Psychometric theory[M]. New York: Mc GKAW-Hill, 1967.
[3] 宋晓东.中科院知识分子的锻炼行为及其干预策略[D].北京:北京体育大学,2000.

表 1.1 身体活动与锻炼行为的因素构成

身体活动（Physical Activity）	锻炼行为（Exercise Behavior）
由骨骼肌肉产生的任何肢体动作	由骨骼肌肉产生的任何身体动作
能量消耗的结果	能量消耗的结果
能效消耗（卡路里）由低到高的持续性变化	能效消耗（卡路里）由低到高的持续性变化
与体质状况正相关	与体质状况正相关
	有计划、有组织、重复性的肢体动作
	目的是改善或维持体制状况

鉴于探讨的行为干预以健康促进为目的，因此本书沿用的概念为"体育锻炼行为（Exercise Behavior）"，后续的讨论均沿用此定义。

（二）有规律的体育锻炼行为

有关"有规律的体育锻炼行为"的界定，世界卫生组织提倡人们每天至少进行 30 分钟适度的体育锻炼活动，还进一步为公众分析了"有规律的体育锻炼"的 12 个方面的突出作用："减少过早死亡；减少心脑血管病的死亡（全世界 1/3 的死亡是由心脑血管病引起的）；减少心脏病和直肠癌发病危险性 50%；减少 2 型糖尿病发病危险性 50%；帮助预防和减少高血压病（全世界 1/5 的人口受该病的影响）；帮助预防和减少骨质疏松症的发生，减少妇女骨质疏松症的发病率 50%；减少背下部疼痛发生的危险；促进心理健康（减少抑郁症、强迫症和孤独感的发生）；帮助预防和控制不良习惯（特别是对儿童和年轻人，可帮助他们远离烟草、酒精、药品滥用以及不健康的饮食习惯和暴力）；帮助控制体重（与久坐少动的人相比，可减少肥胖发生率 50%）；帮助强健筋骨、肌肉和关节，使有慢性疾病及残疾的人改善他们的耐久力；帮助减轻疼痛，如背部疼痛和膝关节疼痛"。有规律的体育活动在增进健康的基础上还会带来许多社会和经济效益，如减少医疗保健费、提高生产力、降低职工缺勤率等（《中外群众体育信息》，2003）。美国运动医学院对有规律体育锻炼的建议标准是：每周有规律地进行 3 次以上、每次至少 30 分钟的中等强度体育活动[1]。为激励和促进人们积极参加体育锻炼，提升健康素质，国家体育总局公布了《普通人群体育锻炼标准》（以下简称《标准》），并从 2003 年 5 月 10 日起在全国施行，《标准》中对居民的有规律体育锻炼指出科学的测定方法："每周不少于 3 次，每次 30 分钟以上"。

鉴于此，结合研究对象的群体特征，对于有规律的体育锻炼行为界定为："指任何有计划以促进身体健康为目的的身体活动（如快步走、健身操类、慢跑、骑自行车、游泳以及其他有氧运动等）。这样的活动应该是每周进行 3~5 次，每次 20~60 分钟（所指的锻炼时间不包括学校安排的体育课时间），运动强度为适当，并且该行为至少持续 6 个月或以上。"

（三）锻炼行为干预

干预也被称为健康教育，是指"为了促进或维持特定个体、人群的特定态度、准则或行为，而发展起来的一项技术、处理方式、程序或计划"。学术界通常将锻炼行为视为疾病防治或健康促进行为，其目标定位于认知变量的改变[2]，因此，锻炼行为干预是指采用一定的手段和方法，通过锻炼行为的某个或多个影响因素施以调整，促使人们产生锻炼行为、使锻炼行为产生变化或保持的过程。

1990 年前后，绝大多数锻炼行为干预研究都是针对单一性别、种族、受教育水平或健康状况的个体实施单一维度的干预方法或手段。此类研究被越来越多的学者质疑：单一维度的方法为何仍旧无法解决个体静止不动的问题。因此后续相关研究开始试图尝试将受试者根据某一属性进行分类，进而进行不同方式的干预手段（Gavin，2001）。而此类干预手段和方法需要一个合理的理论基础作为指导。

另外，其他学者也对锻炼行为干预类型研究做了相应研究。如 2002 年，Kahn 等在对公开发表文献进行归类分析的基础上，以受到干预策略影响的锻炼行为的决定因素为出发点，将干预行为划分为信息型方式

---

[1] American College of Sports Medicine. ACSM's Guidelines for Exercise Testing and Prescription[M]. 6th ed. Baltimore, MD, USA, 2000.
[2] BUKWORTH J, DISHMAN R K. Exercise Psychology [M]. Human Kinetics, 2002.

(Informational Approaches)、行为型方式（Behavior Approaches）、社会型方式（Social Approaches）、环境和政策型方式（Environmental and Policy Approaches）[①]。

体育锻炼行为与个体的其他行为一样，受自身因素、环境因素、社会因素等各种条件的影响。总的来讲，国内外有关改变体育锻炼行为的健康促进和干预策略的研究尚存在一些有待进一步改进的地方：第一，传统的干预研究着眼于完成行为改变的策略并测量干预后的身体活动水平的改变，没有依据锻炼行为的周期和变化机制进行对照干预；第二，使用工具多为国外研究机构的成型量表，较少依据相关理论构想自行设计调查问卷，所以信度和效度还有待考证[②][③][④]；第三，关于锻炼阶段性干预研究，多数为证明阶段性的优越性而较少验证其有效性，已有的研究还没有形成主导地位的理论，关于锻炼阶段理论和干预手段的结合使用尚处于尝试期。

三、研究方法

（一）文献研究法

文献研究法是指搜集、鉴别、整理文献，并通过对文献的分析与探究，形成对事实、问题和研究进展的认识的方法。科学研究中有很大一部分工作会放在文献研究上。

（二）系统分析方法

系统分析方法来源于系统科学，它从系统的着眼点或角度去考察和研究整个客观世界，为人类认识和改造世界提供科学的方法和思路。研

---

① KAHN E B, RAMSEY L T, BROWNSON R E, et al. The Effectiveness of Interventions to Increase Physical Activity: A Systematic Review[J]. American Journal of Preventive Medicine, 2002, 22（4）: 73-107.
② 陈善平, 闫振龙, 谭宏彦. 锻炼动机量表（MPAM-R）中文版的信度和效度分析[J]. 中国体育科技, 2006, 42（2）: 52-54.
③ 漆昌柱. 运动心理测量理论与方法[M]. 武汉: 湖北辞书出版社, 2002: 163-187.
④ 漆昌柱. 运动心理唤醒量表的编制与初步分析[J]. 武汉体育学院学报, 2004, 38（2）: 156-158.

究将影响居民体育锻炼行为因素的作用看作一个系统，着重研究其形成的原因、变化的过程，以及干预管理分析等，试图从管理科学的角度，准确地诊断问题，深刻地揭示问题起因，有效地提出解决方案。

（三）行为分析方法

行为分析法是将目标任务（如知识、技能、行为、习惯等）按照一定的方式和顺序分解成一系列相对独立的工作程序，选取合适的干预手段，逐步影响每个工作程序或者步骤，直到所有步骤完成，最终实现目标任务，受试者可以独立运动知识或能力去完成工作。该方法设计情境和选定可影响该目标行为的影响因素，使受试对象建立新的适应行为；消除或改善不当行为。行为分析方法对行为干预提供了工作途径。

（四）追踪数据研究方法

追踪数据研究方法是社会学、心理学、教育学、经济学等领域普遍采用的一种方法，这种研究设计为了解事物的发生、发展和变化提供了有效的途径。此类方法使用的数学模型为统计模型或是新一代统计模型。本研究过程中涉及信效度检验、因子分析、均值检验、相关分析、方差分析以及分层线性模型。

（五）调研访谈法

调研访谈法是指通过对相关人员和机构进行直接访谈和收集一手资料的方式，对没有具体认识或已有一定认识的问题、现象，进行了解和进一步掌握情况的方法。具体方式涉及问卷调查、面对面访谈、实地调研等内容。

第二章 干预模型的构建

第一节 相关研究模型

一、计划行为模型

合理行动理论（the Theory of Reasoned Action，TRA）是计划行为理论的前期成果。该理论在20世纪70年代由美国学者M. Fishbein 和 I. Ajzen 提出。该理论认为行为意图是行为改变的直接决定力量。行为意图受到行为态度和主体规范的影响[1]。其中，主体规范指个体感知到的重要的其他人（包括配偶、家人或者同伴等）对其行为改变的认可和支持程度；而行为态度是个体对一种行为的总体评价。Sheppard 等人通过对有关合理行动理论的研究论文分析，提示了态度和主体规范与行为意向、行为意向与行为结果之间关系的紧密程度[2]。Putte（1991）做了类似研究，发现态度与意向之间的相关程度高于主观规范与意向之间的相关程度[3]。这两项研究也同时提出了"用行为意向预测行为结果时是否会将其不确定性程度加大"的疑问。其他，如 Speckart（1979），Triandis（1977），Liska（1984）等[4][5][6]也指出合理行动理论没有考虑过去的行为或习惯对意

---

[1] AJZEN I, FISHBEIN M. Understanding Attitudes and Predicting Social Behavior[M]. New Jersey: Prentice Hall, 1980.

[2] SHEPPARD B H, HARTWICK J, WARSHAW P R. The theory of reasoned action: A meta-analysis of past research with recommendations for modifications and future research[J]. Journal of Consumer Research, 1988, 15（3）: 325-343.

[3] Van den P B. 20 years of the theory of reasoned action of Fishbein and Ajzen: A meta-analysis[D]. University of Amsterdam, 1991.

[4] BENTLER P M, SPECKART G. Models of attitude-behavior relations[J]. Psychological Review, 1979, 86: 452-464.

[5] TRIANDIS H. Interpersonal Behaviour[M]. Monterey, CA: Brooks/Cole, 1977.

[6] LISKA A E. A Critical Examination of the Causal Structure of the Fishbein/Ajzen AttitudeBBehavior Model[J]. Social Psychology Quarterly, 1984, 47（1）: 61-74.

向和行为的影响,仅仅是单一的自主行为。

因此,Ajzen 对"合理行动理论"进行了进一步修正,对原来的理论框架加以扩展,增加了"行为控制感"(指个体对自身究竟能多大程度上成功改变行为的能力进行的判断和评价),进而形成了现在研究领域中的"计划行为理论"(the Planned Behavior Theory, TPB)。计划行为理论的内在机理如图 2.1 所示。

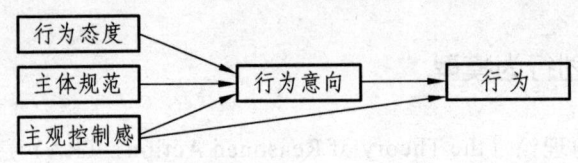

图 2.1　计划行为理论模型

部分学者应用该理论进行了一系列的实证分析,如 Wankel(1993,1994)在其调查研究中发现:态度、主体规范和主观控制感对行为预测的效果,存在年龄和性别的差异,而且随着年龄的增长,对行为预测的程度会发生一定程度的变化[①②③]。该系列研究为在未来研究理论中考虑增加社会人口学方面的因素,提供了一定的依据。其他一些学者也对计划行为理论在实践中运用提供了一定的前期研究和理论经验,对加强个体的锻炼参与意向具有积极的意义,如提高其对体育锻炼的认识、增进其对锻炼活动的满意感等不同方面的尝试[④⑤⑥⑦]。

---

① WANKAL L M. Decision making and social support structures for increasing exercise adherence[J]. Cardiac Rehab,1980,4:124-128.
② WANKAL L M, Mummery K. Using national survey data incorporating theory of planned behavior: Implication for social marketing strategies in physical activity [J]. Journal of Applied Sport psychology,1993(5):156-177.
③ WANKAL L M, MUMMERY K, STEPHENS T, et al. Prediction of Physical activity intention from social Psychological variables: Results form the Campbell's survey of well-being [J]. Journal Sport and Exercise Psychology,1994(16):56-69.
④ 程丽平,蔡庚,李磊. 运动行为的理论与其模型[J]. 四川体育科学,2004(1):31-33.
⑤ 李广宇,刘立军,孙德荣,等. 廊坊师范学院大学生生命质量影响因素分析[J]. 中国学校卫生,2004,25(6):651-652.
⑥ 熊明生,周宗奎. 锻炼行为理论的评价与展望[J]. 武汉体育学院学报,2009,43(4):52-57.
⑦ 张力为,毛志雄. 运动心理学[M]. 上海:华东师范大学出版社,2003.

计划行为理论由于其理论模型的简洁和便于操作性，能够重视态度的动机作用，认为身体锻炼是一种自愿行为，并将客观环境的作用（如来自配偶、亲友、榜样的社会支持以及锻炼的物质条件）体现在主观规范和主观控制感两个因素之中，考虑到外因通过内因起作用。不足之处在于，该理论只研究个体内部动机的影响，而忽略了外部环境的变化。目前，基于 TPB 进行的研究中，相关的影响因素在行为预测方面显得不足，干预研究方面还需要进行深入的验证。因此，研究认为，计划行为理论需要与其他行为研究理论（如锻炼行为的阶段理论、考虑人际影响因素的其他模型等）进行整合使用，克服其现有缺陷，以更好凸显其优点。

二、健康信念模式

健康信念模式于 20 世纪 50 年代，由 Rosenstock 提出并由 Becker 和 Maiman（1975）[1]加以修订。该理论是最早运用研究个体健康行为解释和预测的模型，该理论指出："人们不会参与有益健康的身体活动，除非他们认为自身已经具备了充分的锻炼动机和充足的锻炼知识，或受到外界因素影响，甚至自认为自身容易受健康问题的侵扰，或认为环境条件对健康是有威胁的，或相信身体活动的效能及采取身体活动没有什么困难"。

研究者最初运用该模式解释个体不愿意参加各种疾病预防方案的原因（如 Rosenstock 研究个体为什么不愿意参加社区组织的身体健康方面的检测和治疗），之后该模式被广泛运用于一些危险行为的预测和改变上：如吸烟行为、不良进食行为以及性病、艾滋病的预防和干预等[2]。该模式从心理社会角度对健康行为的改变做了阐释和说明，强调运用个体的态度和信念来解释和预测各种健康行为，其核心部分包括四种与行为

---

[1] BECKER R K, MAIMAN B A. Scio-behavioral determinants of compliance with health and medical care recommendations [J]. Medical Care, 1975, 13（1）: 10-24.
[2] GLANZ K, LEWIS R M, RIMER B K. Health Behavior and Health Education[M]. San Francisco, Calif: Jossey-Bass Publishers, 1997: 41-59.

转变紧密相关的信念,如图 2.2 所示。

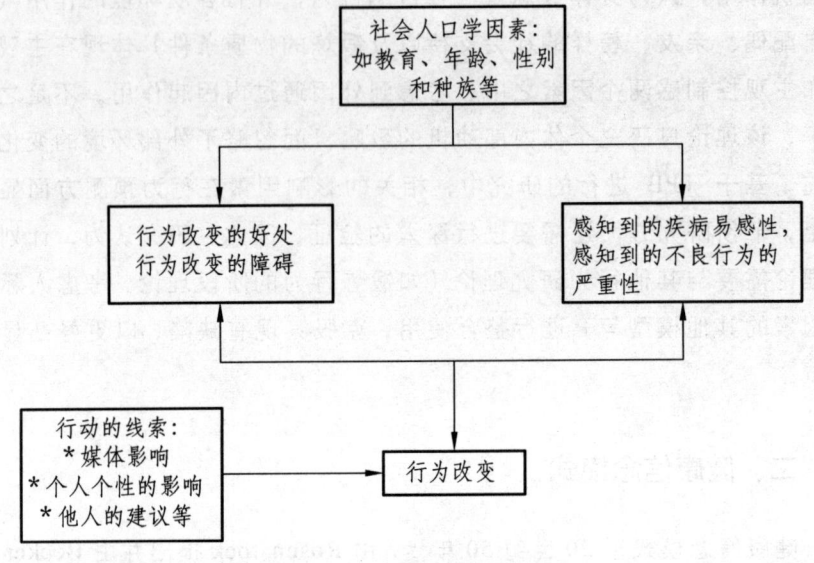

图 2.2 健康信念模式

其中,易感性认知,即个体预期到不健康行为会给其带来危害,从而预计该行为导致其自身出现疾病的概率及可能性。如个体认为,如果不经常参加体育锻炼很容易患一些慢性疾病等。严重性认知,即个体认为不健康行为所导致的疾病会给其带来多大程度的身体、心理和社会危害。如个体认为,如果不参加体育锻炼,他的生活会发生很大变化等。行为益处认知和行为障碍认知,即个体对改变不良行为所带来的好处(或障碍及困难)的认识和评价。如个体认为,参加体育锻炼行为可以增进精神健康、使身体强壮;或者个体认为,没有足够的时间参与体育锻炼活动、参加体育锻炼活动体力消耗太大等。通常情况下,当感知到的行为转变的好处大于障碍或困难时,行为的转变成为可能;反之,个体可能继续维持原来的不健康行为[①]。后期研究中,研究者们在该理论模式上增加了"行为线索"的概念(Prentice-Dunn & Rogers,1986):指任何与

---

① 林丹华,方晓义,李晓铭. 健康行为改变理论述评[J]. 心理发展与教育,2005,4: 122-127.

健康问题有关的促进个体改变行为的事件或暗示，该方面的事件或暗示可以包括内在和外在两方面。内在线索指个体感知或者身体出现某种不适的症状；外在线索包括媒体对不健康行为会带来的危害性的宣传、疾病经验（来自家人或身边的朋友）或医生的建议等[①]。

该模式认为，个体参加体育锻炼等预防性健康行为的可能性来自于如下假设：人们存在疾病易感性及严重性认知，主观觉察到威胁性，个体同时对采取行动的收益与障碍进行主观评估，从而决定其是否参加。但部分研究者认为，该模式侧重从是否满足前提条件的假设来分析其行为改变的可能性，因此从整体上说，健康信念模式对于预测个体不参与锻炼行为方便会更具有权威性，而对于锻炼行为的参与和维持的预测性并不是太好，因此仍旧需要一定的改进措施[②][③]。

三、阶段变化理论

阶段变化理论是一种广泛应用的行为变化理论，其整合了若干个行为干预模型的基本原则和方法，故又称为行为分阶段转变交叉理论模型。该模型是由 Prochaska 在 20 世纪 80 年代初提出的[④]，最初应用于戒烟行为的研究，现已在国际上成为一个被广泛应用的行为改变模型。

阶段变化理论将锻炼行为划分为若干个变化阶段："前意向阶段（Pre-contemplation）、意向阶段（Contemplation）、准备阶段（Preparation）、行动阶段（Action）和维持阶段（Maintenance）（根据行为习惯形成的特点一般划分阶段的时间标准为 6 个月）。前意向阶段是在未来的 6 个月里没有意图去参加体育锻炼的阶段，在这个阶段不知道或者还没有意识到

---

① PRENTICE D S, ROGERS R W. Protection motivation theory and preventive health: beyond the health belief model [J]. Health Education Research, 1986, 1 (3): 153-161.
② MELAMED S, RABINOWITZ S, FEINER M, et al. Usefulness of the protection motivation theory in explaining hearing protection device use among male industrial workers [J]. Health Psychology, 1996, 15 (3): 209-215.
③ ZAK P J, STERN M. Health belief factors and dispositional optimism as predictors of STD and HIV preventive behavior[J]. Journal of American College Health, 2004, 52(5): 229-236.
④ PROCHASKA J O, DICLEMENTE C C. Stages and processes of self change of smoking: toward an integrative model of change[J]. J Consult Clin Psychol. 1983, 51 (3): 390-395.

锻炼的作用，包括在锻炼上没有意识和在锻炼上有意识两个层次。意向阶段是人们知道锻炼的必要性，并且在接下来的 6 个月里计划参加体育锻炼，但暂时还没有采取行动。准备阶段是计划进行体育锻炼，但还没有实践于行动。行动阶段是个体改变自己的习惯、经验或者环境，去进行锻炼的阶段，在这个阶段里，个体进行了有规律性的锻炼，但时间还没有维持到 6 个月。维持阶段是个体努力去防止回到原来的状态，并对在行动阶段获得的成果进行巩固的阶段，本阶段中有规律性的锻炼已经持续 6 个月及以上。"①

国内外学者对于变化理论在锻炼领域的应用方面进行了广泛的研究，并且已经在多个行为问题领域（如抽烟、过度购买行为、危险性行为、酗酒、肥胖等）得到了验证，同时也在一定程度上证明了该理论及相应测量工具（如《阶段变化问卷》）的可靠性和有效性。

目前，国内采用跨理论模型对本土居民锻炼行为的研究还很少，而且在使用该理论对其锻炼行为进行研究时，缺乏对《阶段变化问卷》的信度和效度分析，缺乏对锻炼行为问卷的信度和效度分析，且缺乏科学性。因此，国内研究者在引用跨理论模型的时候需要注意我国国情、社会、文化和经济的特殊性，有必要对跨理论模型的相关量表进行改造和研究，以适应我国的国情、社会、经济和文化。尽管阶段变化理论改变了以往行为改变理论忽视个体行为改变的发展阶段和个别差异的做法，但 Sanderson 等人认为（2004）该理论还存在很多不足之处，如理论所提出的 5 个方面的阶段需要针对不同的研究群体进行检验和修正等。其次，该理论模式过分重视行为主体的认知过程，忽视了环境因素对行为改变的作用②。同时，现有的实证研究多为简单的横向研究，对纵向追踪研究及准实验性的行为干预研究则较少。因此，关于城镇居民体育锻炼行为在理论和具体实践中的作用还具有较大的研究空间。

---

① 尹博. 运用跨理论模型对大学生体育锻炼行为改变的实证研究[D]. 上海：华东师范大学体育与健康学院，2007.
② SANDERSON C A. Health Psychology[M]. John Wiley &Sons，Inc，2004.

第二节 模型假设的形成

现阶段,在体育锻炼行为理论研究中,研究的难点和重点是对现有理论的改进,包括理论本身改进或理论整合。研究认为,锻炼行为模型整合研究的前提是:首先,待整合的理论模型之间必须具有一定的概念或过程内容的交叉,才可能具备整合的基本条件;其次,要设计科学严谨的整合理论检验环节;最后,样本数据量要具有充足的说服性,而且选取样本量要遵循科学合理的抽样原则,由此才能够完成理论整合的研究。计划行为理论的内在机理是行为态度、主观规范和行为控制感等变量对行为意向产生预测作用,行为意向和行为控制感又直接影响行为的发生。而健康信念理论的结构包括对疾病威胁的感知、对行为的结局期望、自我效能、社会人口学因素和诱发健康行为发生的提示因素等。健康信念理论中对行为益处的感知与计划行为理论中的行为信念的内涵相近,健康信念模式中的自我效能与计划行为理论中的主观控制感有交叉,所以,健康信念模式与计划行为理论既有相似之处,也各有独到之处。因此,考虑在解释和预测锻炼行为的研究中,将两者结合起来可以相互补充,解释程度也会更高一些。在其他研究领域,很多学者也证实了这两种理论在解释和预测健康相关行为的作用,如学者 Poss(2001)曾提出综合运用健康信念模式和计划行为理论解释结核病筛检行为,但没有对模型进行验证[①]。学者孙昕霙在《健康信念模式与计划行为理论整合模型的验证》(2009)一文中,尝试用北京城乡妇女铁强化酱油购买行为基线调查数据,建立并验证健康信念模式与计划行为理论的整合模型,提出了新的研究探索途径,也对健康信念模式与计划行为整合理论在解释

---

① POSS J E. Developing a new model for cross-cultural research: Synthesizing the health belief model and the theory of reasoned action[J]. Adv Nurs Scj, 2001, 23(4): 1-15.

和预测相关健康行为中的运用奠定了一定的研究基础①。而从现有的文献查新结果来看，鉴于体育锻炼行为本身的特征和变化过程的独特性，还没有发现在该领域采用两者整合模型进行论证的相关研究，这也是本书将要进行的研究尝试。因此，关于体育锻炼行为整合理论的探讨在理论和具体实践中的作用还具有很大的研究空间。

根据锻炼行为研究理论的分析与探讨，选取计划行为理论和健康信念模型进行整合，结合计划行为理论和健康信念模式中的理念相关和相似性，最终纳入研究框架的城镇居民体育锻炼行为的影响因素涉及行为意向、态度、认知等多个方面。前人的许多研究证实，在计划行为理论中，行为态度、主体规范、主观控制感和行为意向对行为结果具有一定的预测性（Ajzen，1988，1991）②③。在健康信念模式中，易感性认知、严重性认知、行为益处认知、行为障碍认知、行为线索对行为结果具有一定的预测性。而通过理论整合，各个因素变量对行为结果的影响可能会发生一定的变化。因此，为了确保研究结果的科学性，研究提出行为态度、主体规范、主观控制感、易感性认知、严重性认知、行为益处认知、行为障碍认知、行为线索、行为意向等因素对城镇居民体育锻炼行为结果具有预测性，并建立了一个关于城镇居民体育锻炼行为的概念模型，如图2.3所示。

一、因素作用机制假设

在计划行为理论中，行为态度、主体规范和主观控制感与行为意向之间存在正向影响，而行为意向和主观控制感对行为结果具有正向影响（Ajzen，1988，1991）。相关研究结果显示，与主体规范和主观控制感相比，体育锻炼活动的态度在决定个体的锻炼行为意向中发挥着更重要的

---

① 孙昕霙,郭岩,孙静. 健康信念模式与计划行为理论整合模型的验证[J]. 北京大学学报（医学版），2009，41（2）：129-134.

② AJZEN I. Attitudes, Personality, and behavior [J]. Chicago: Dorsey, 1988.

③ AJZEN I. The theory of planned behavior [J]. Organizational Behavior and Human Decision Processes, 1991, 50: 179-211.

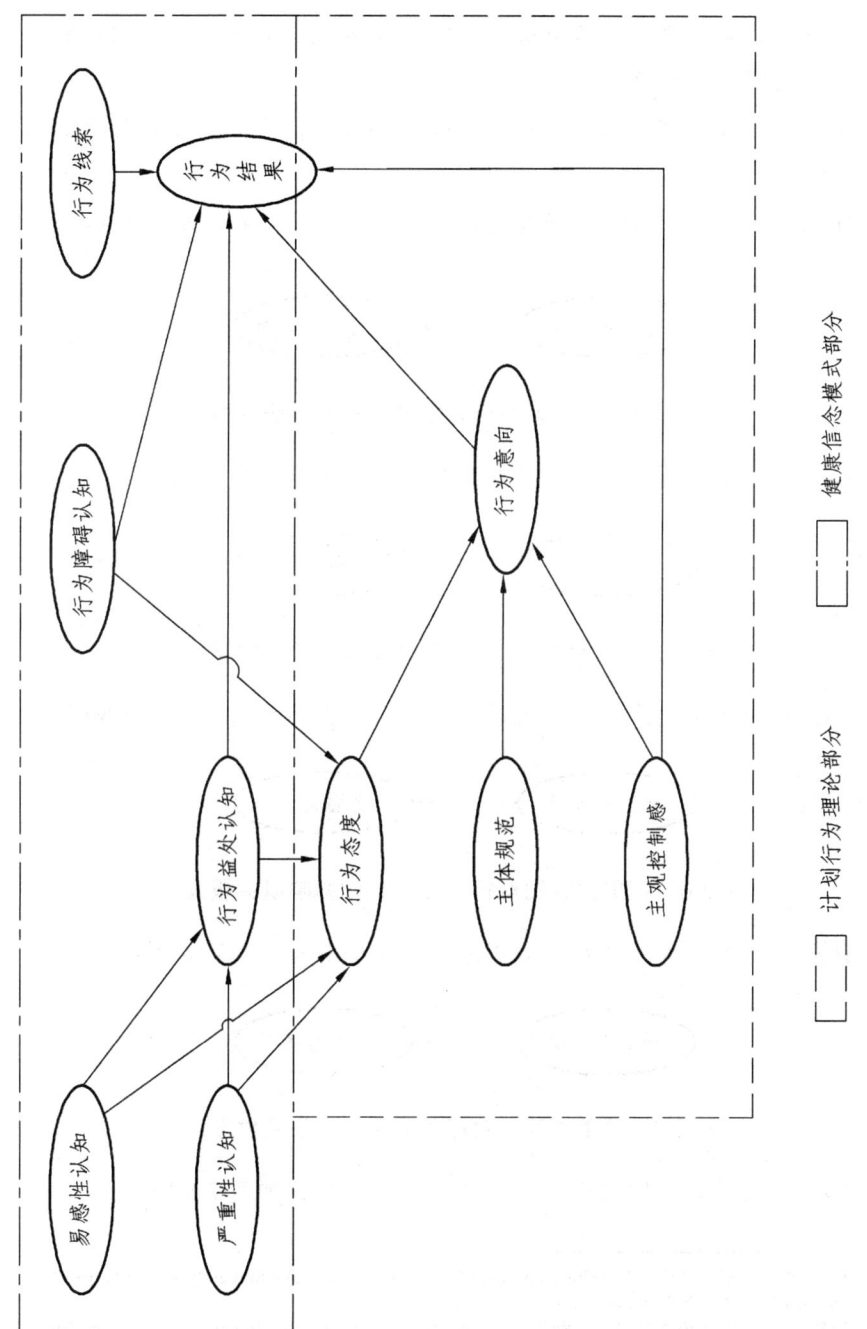

图 2.3 体育锻炼行为解释概念模型

作用。同时,被试者参与体育锻炼的意向越强烈,其参与锻炼的可能性就越大,否则,则相反①②。

因此,在前述理论基础上提出部分新的假设,具体假设和图示如图 2.4~2.9 所示。

H_1:行为易感性认知对行为益处认知具有正向影响,如图 2.4 所示。

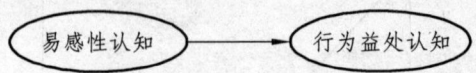

图 2.4　易感性认知对行为益处认知影响研究假设

H_2:行为易感性认知对行为态度具有正向影响,如图 2.5 所示。

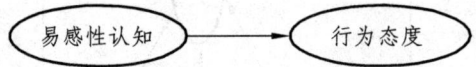

图 2.5　易感性认知对行为态度影响研究假设

H_3:行为严重性认知对行为益处认知具有正向影响,如图 2.6 所示。

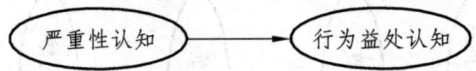

图 2.6　严重性认知对行为益处认知影响研究假设

H_4:行为严重性认知对行为态度具有正向影响。如图 2.7 所示。

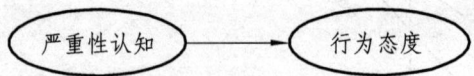

图 2.7　严重性认知对行为态度影响研究假设

H_5:行为益处认知对行为态度具有正向影响,如图 2.8 所示。

---

① EL A W, PHILLIPS C J. The Costs and benefits of participants in community partnerships: A paradox?[J]. Health Promotion practice, 2004, 5(1): 35-48.
② LOVELL G P, ANSARI W E, PARKER J K. Perceived Exercise Benefits and Barriers of Non-Exercising Female University Students in the United Kingdom[J]. International Journal of Environmental Research and Public Health, 2010, 7(3): 784-798.

图 2.8 行为益处认知对行为态度影响研究假设

H_6：行为障碍认知对行为态度具有负向影响，如图 2.9 所示。

图 2.9 行为障碍认知对行为态度影响研究假设

在健康信念模式中，行为益处认知、行为线索与行为结果之间存在正向影响，行为障碍认知与行为结果之间存在负向影响，而易感性认知、严重性认知通过行为益处认知间接对行为结果具有正向影响（Rosenstock，1988[①]）。国外部分研究分析表明，行为者对参与体育锻炼行为的益处认知越强烈、对不参与体育锻炼行为带来的潜在危害性认知越清晰，其参与体育锻炼行为的可能性就越高；反之，其对体育锻炼行为的障碍认知越明显，参与行为的可能性越低。这一点在其他相关研究中也得到证实，研究认为，如果个体认为参加体育锻炼的好处明显多于参加活动的障碍时，他们选择参与体育锻炼的行为会明显增强，感知障碍与感知利益的比率对于锻炼行为更有预测性。

因此，在前述理论基础上提出部分新的假设，具体假设和图示如图 2.10~2.17 所示。

H_7：行为态度对行为意向具有正向影响，如图 2.10 所示。

图 2.10 行为态度对行为意向影响研究假设

H_8：主体规范对行为意向具有正向影响，如图 2.11 所示。

[①] ROSENSTOCK I M. Enhancing patient compliance with health recommendations[J]. J Pediatr Health Care. 1988，2（2）：67-72.

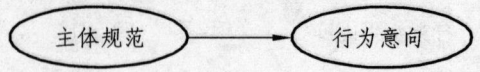

图 2.11　主体规范对行为意向影响研究假设

H_9：主观控制感对行为意向具有正向影响，如图 2.12 所示。

图 2.12　主观控制感对行为意向影响研究假设

H_{10}：行为线索对行为结果具有正向影响，如图 2.13 所示。

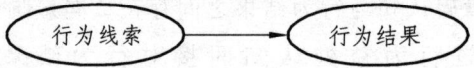

图 2.13　行为线索对行为结果影响研究假设

H_{11}：行为益处认知对行为结果具有正向影响，如图 2.14 所示。

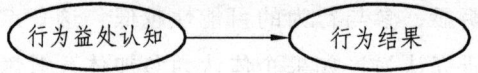

图 2.14　行为益处认知对行为结果影响研究假设

H_{12}：行为障碍认知对行为结果具有负向影响，如图 2.15 所示。

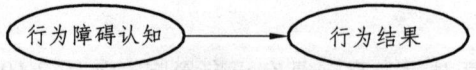

图 2.15　行为障碍认知对行为结果影响研究假设

H_{13}：主观控制感对行为结果具有正向影响，如图 2.16 所示。

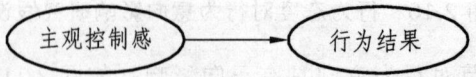

图 2.16　主观控制感对行为结果影响研究假设

H_{14}：行为意向对行为结果具有正向影响，如图 2.17 所示。

图 2.17　行为意向对行为结果影响研究假设

同时，根据理论模型阐述，个体在较长的时间跨度内，锻炼行为从无规律状态到有规律状态演化。个体从参与锻炼行为障碍因素起主导作用下的无意识行为状态（此状态下的个体处于从心理到行为表现上完全无参与意识），发展到受外部部分因素影响后的有参与意向状态，进而尝试制订体育锻炼计划，甚至尝试参与锻炼活动，直至达到有规律体育锻炼状态，因此，一些研究假定个体体育锻炼行为的改变具有一定的阶段性。但是，在现阶段研究中，虽然阶段性行为理论在锻炼行为研究中受到广泛关注，但其对研究对象变化阶段划分的可靠性仍然需要进一步论证。

二、锻炼行为干预假设

在调查研究中发现，处于同一锻炼阶段的受试者，感受的体育锻炼障碍或困难雷同，但是处在不同阶段的受试者对体育锻炼认知却有很大差异。如处于前意向阶段的参与者既没有规律锻炼的意向，也无锻炼的行动，参与体育锻炼的意向及态度水平低。因此对于此群体来说，应加强传授积极锻炼的益处（如有规律的锻炼行为有助于控制体重、愉悦身心、预防心脏病及其他慢性疾病等）及不采纳健身行为的危害（如静态久坐活动容易引发超重肥胖、抑郁状态或引发心脏病及慢性疾病等）；处于意向阶段的参与者对体育锻炼的益处具有一定的认知基础，且已经存在行为意向但还没有开始行动计划，其缺乏必要的技能或条件将行为意向转化为实际行动；而处于准备阶段的参与者，具有体育锻炼倾向和预期行动计划安排，但部分面临锻炼困难或问题，干预需要有助于帮助准备者克服锻炼困难，从而使其将行为计划成功转化为锻炼行为；而对于行动阶段和维持阶段的参与者来说，前几个阶段的干预策略为非匹配干预，行动阶段者有锻炼意向并且在坚持锻炼，对行动者干预是为了促进健康行为习惯的长期维持，以预防行为停止或反复。部分研究表明，若同一社会心理变量在不同行为阶段间解释效果不同，则行为阶段存在[1]，而一些有关体育锻炼阶段的理论研究也对阶段性干预和非阶段性干预进行了一定的探讨[2]，同样验证了体育锻炼行为变量在不同阶段间的非连续性的存在，阶段性干预更为经济有效。因此，提出如下假设：

H_{15}：根据锻炼行为阶段特征进行的行为干预有效。

基于研究假设，将受试者进行了准实验设计。在干预初期，向受试者发放体育锻炼阶段量表，测试其现阶段所处的锻炼阶段，根据初期测试的所处阶段进行分组；干预期间，按照被试者锻炼行为划分的前意向阶段、意向阶段、准备阶段、行动阶段和维持阶段，对不同行动阶段者施以不同的干预手段和策略。整个实验过程共测试 4 次，并验证其效果。

第三节 模型变量的计算

根据前述研究构建的概念模型和提出的假设，对相应的变量进行定义和计量，并给出相应的计量方法。

一、计量项目

研究概念模型包括行为结果、行为态度、主体规范、主观控制感、易感性认知、严重性认知、行为益处认知、行为障碍认知、行为线索、行为意向等变量。各变量的代码及项目描述如表 2.1 所示。

---

[1] POSS J E. Developing a new model for cross-cultural research: Synthesizing the health belief model and the theory of reasoned action[J]. Adv Nurs Scj, 2001, 23（4）: 1-15.
[2] VAUGHN S. Factors influencing the participation of middle-aged and older Latin-American women in physical activity: stroke-prevention behavior [J]. Rehabil. Nurs. 2009, 34（1）: 17-23.

表 2.1 计量项目表述

维 度	计量尺度	变量描述
行为结果	bo1	锻炼行为阶段
	bo2	锻炼行为强度
行为态度	ba1	锻炼行为带来的愉悦感
	ba2	锻炼行为的有益性
	ba3	锻炼行为的重要性
主体规范	sn1	锻炼行为改变的倾向性
	sn2	锻炼行为改变的认可度
主观控制感	pbc1	锻炼行为改变的适应性
	pbc2	锻炼行为改变的困难性
易感性认知	psu1	不参加锻炼行为患慢性病的概率
	psu2	不参加锻炼行为体质变差的概率
严重性认知	pse1	不参加锻炼行为身体状况会发生改变
	pse2	不参加锻炼行为生活状况会发生改变
	pse3	不参加锻炼行为人际关系会发生改变
行为益处认知	pe1	锻炼行为促进生命质量
	pe2	锻炼行为提升身体机能
	pe3	锻炼行为促进心理健康
	pe4	锻炼行为促进社会交往
	pe5	锻炼行为预防保健功能
行为障碍认知	pa1	锻炼条件的障碍
	pa2	锻炼时间的障碍
	pa3	活动体力消耗的障碍
	pa4	家庭阻力的障碍
行为线索	bc1	医生建议参加体育锻炼
	bc2	电视广告宣传体育锻炼
	bc3	朋友建议参加体育锻炼
	bc4	报纸杂志宣传体育锻炼
	bc5	家人建议参加体育锻炼
	bc6	朋友疾病经验的影响
	bc7	家人疾病经验的影响
	bc8	自身身体状况的影响
行为意向	bi1	锻炼行为改变的意愿
	bi2	锻炼行为改变计划的制订

二、计量方法

在实证调查过程中，李克特式量表计量方法是调查问卷中使用频率较高的计量尺度方法，此类量表的填答方式以四点量表法至六点量表法采用最多。Berdie（1994）认为，通常情况下，如果选项超过 5 项，则需要受试者有足够的辨别力才便于进行行为测试；而如果项目选择 3 项，则在一定程度上使温和意见与强烈意见的区分不够明显，因此，五点量表的表达方式相对比较合适。而通常情况下，量表的点数越多，选答分布的情形就越广，方差也会变得更大。因此，在研究中，模型中的变量问题均采用描述性语句和五点计量尺度，以体现良好的沟通交互效果。其中 1 表示"非常不同意或非常不认同"，2 表示"不同意或不认同"，3 表示"一般或不确定"，4 表示"同意或认同"，5 表示"非常同意或非常认同"。

第四节　模型分析方法

一、样本容量的选取

关于样本量的确定，在实证研究中一般要求研究样本数必须达到一定规模："Boomsma（1982）发现无论是模型参数估计的精确性，还是 χ^2 统计量的分布，研究结果都显示样本容量越大越好。Nunally（1967）建议，就因子分析而言样本至少达到观察变量的 10 倍或是更多[①]。Bollen（1989）认为，虽然没有简单法则可循，但要求每个自由参数应当有数个被试是合理的。Bentler（1989）更建议该比例大于 5[②]。"不同学者给出的建议是不同的，但一般研究结果都显示样本容量越大越好。根据研究需要，分层随机抽取四川区域内城镇社区居民作为调查样本，进行了问卷调查和访谈，并对个别变量进行了缺失值填充。基线调查时样本量为 343 人。

---

① NUNNALLY J C. Psychometric theory[M]. New York: Mc GKAW-Hill, 1967.
② RUBIN D. Inference and missing duta[M]. Biometrika, 1976, 63（3）: 581-592.

二、数据缺失处理

数据缺失（Missing Data）在实证调查研究中（特别是对大规模人群的调查）是非常普遍的问题。例如，受试者回避或遗漏回答某个或某些调查问题，造成某个或某些属性不可用。数据不准确的记录，甚至数据文件的丢失等，都会造成只能观测到一部分数据，进而造成研究资源的浪费。

数据缺失一般分 3 种情况：完全随机缺失、随机缺失和非随机、不可忽略缺失。其中，完全随机缺失和随机缺失统称为可忽略性缺失，而非随机、不可忽略缺失，由于数据的缺失依赖于不完全变量本身，因此这种缺失是不可忽略的。Rubin（1976）进一步指出，"可忽略性缺失所造成的影响纯粹只是样本数的多寡问题，缺失的影响可以忽略，研究者可直接删除，或利用估计方法来补救。"忽略性缺失在分析时有以下几种处理方法：使用平均值替换缺失值；在分析时，剔除有缺失值的样本，即去除所有含缺失值的个案后再进行分析，这种情况下，只有当一个观测量的全部聚类变量值缺失时，才将其从分析中剔除。

在正式调研中，所有调查均要求调查人员在进行调查之前详细解释调查的目的、量表的构成以及设计问题的方式，同时进行面对面逐题问答的方式，所以在回收问卷中，数据较完整。因此在实际应用中，主要采用剔除有缺失值的样本的方法来处理数据缺失的样本。

三、数据质量分析

调查用样本通过本地全民健身网络在健身俱乐部、公园、广场、社区的人群集中点分层随机抽样获得，选取样本 350 人，初测有效样本 343 人。为了对数据代表性进行论证，研究进行了拟合度检验，分析样本数据分布与理论数据分布的拟合程度，用来检验调查数据是否与总体数据相吻合。研究将 2010 年第六次人口普查成都市人口数据作为理论数据（假设前提为正态分布），本研究调查数据作为样本数据。

性别拟合度检验计算结果显示，本次调查样本性别构成与总体数据性别构成差异没有统计学意义（$p>0.05$），样本代表性尚可接受。

受教育程度检验计算结果显示，本次调查样本受教育程度构成与总体数据受教育程度构成差异没有统计学意义（$p>0.05$），样本代表性尚可接受。

四、数据正态分布

为保证能够使用结构方程对理论模型进行检验分析，需要检验所回收的样本数据是否呈正态分布[1]。

判断数据正态性可以采取图表法，如 P-P 图（normal probability plot）、偏态系数和峰态系数，以及正态分布检验等方法。由于计算方法不同，在 SPSS 软件中运用偏度系数（Skewness）和峰度系数（Kurtosis）来进行检验时，其参考指标是：偏度系数和峰度系数为 0 时，数据分布为标准正态分布，越接近于 0，可认为是近似正态分布。其中，偏度系数大于 0 为右偏分布，小于 0 为左偏分布；峰度系数大于 0 为尖峰分布，小于 0 为扁平分布。为保证研究的科学性，需要同时满足 Kolmogorov-Smirnov（K-S）检验或 Shapiro-Wilk（S-W）检验，即检验 p 值大于 0.05，前者适用于较大的样本（2000 以上），后者适用于较小的样本[2]。

五、分层线性模型

在社会科学研究中常常会出现以下数据现象：一种是多水平（或多层次）的数据结构，也可以称之为"嵌套数据结构"，如居民个体属于社区，而社区又嵌套于城市中，这种情况下，居民作为数据结构的第一层，社区和城市作为数据结构的第二层和第三层；另一类数据为纵向数据，主要用来分析事物在一段时间内或某几个时间点上的变化趋势的差异。

---

[1] 邱皓政. 结构方程模式：LISREL 的理论、技术与应用[M]. 台北：双叶书廊有限公司，2003.
[2] KLINE R B. Principles and particle of structural equation modeling[M]. New York: The Guilford Presws, 1998: 45-48.

在纵向跟踪研究中，多次观察的数据嵌套于每个数据样本之中，如在一段时间内多次观察测量受试者的某项指标（如体质、态度、锻炼行为等），不同测试时间的观测数据作为数据结构的第一层，而受试者的个体差异（如性别或年龄等）是数据结构的第二层，需要分别探索个体随时间发展和个体间发展的差异。

对于上述数据现象，如果使用传统的线性分析模型，如使用一般性的方差分析或者回归分析，只能对其中某一层数据进行描述，不能进行多层次的综合性研究，而分层线性模型恰好可以解决上述问题。多层次线性模型的数据结构必须是分层级的，即一组数据嵌套于另一组更高层次的数据中，形成多水平模型。该方法首先用一个统计模型来描述个体特征随时间变化的趋势（第一水平模型），其次就个体发展特征之间的差异进行分析（第二水平模型），甚至第三层或者更多。

（一）分层线性模型的结构

分层线性模型的概念最早由 Lindley 和 Smith 于 1972 年提出，也被称为多层分析、随机效应模型、随机系数模型等[①]。这一模型可以同时分析追踪数据研究中的个体发展趋势和个体间发展趋势差异的问题。目前，此方法在其他学科研究中得到了一定程度的应用，但是在体育管理和体育系统分析领域的应用相对较少[②]。对于居民体育锻炼行为研究来讲，在一段时间内多次观测居民体育锻炼行为的特点，将不同时间点个体体育锻炼行为因素的观测数据作为模型数据结构的第一层，而居民个体差异是模型数据结构的第二层。

在模型中，预测模型的第一水平方程有 i 个城镇居民受试个体，嵌套于第二水平方程的 j 次测量时间单元中，方法原理描述如下：

第一水平方程：$y_{ij} = \beta_{0j} + \beta_{1j}x_{ij} + r_{ij}$

第二水平方程：$\beta_{0j} = \gamma_{00} + u_{0j}$

[①] 刘红云，张雷. 追踪数据分析方法及其应用[M]. 北京：教育科学出版社，2005.

[②] ZHU W M. A multilevel analysis of school factors associated with health-related fitness[J]. Research quarterly for exercise and sport, 1997, 68（2）：125-135.

$$\beta_{1j} = \gamma_{10} + u_{1j}$$

式中　y_{ij}——第一水平方程的因变量，表示第 i 个城镇居民受试个体第 j 次测量的锻炼行为观测值；

　　x_{ij}——第一水平方程的预测变量，代表第 i 个城镇居民受试个体在第 j 次测试中自变量的取值，这里自变量表示锻炼行为的预测因素，包括时间、锻炼行为益处认知、锻炼行为障碍认知、锻炼行为易感性认知、锻炼行为严重性认知、锻炼行为线索、锻炼行为态度、锻炼行为主体规范、锻炼行为主观控制感和锻炼行为意向等；

　　β_{0j}——截距参数；

　　β_{1j}——斜率参数；

　　γ_{00}，γ_{10}——第二水平方程的系数，分别表示城镇居民受试个体初始锻炼行为的平均观测值和锻炼行为变化的平均斜率，两者用来描述个体锻炼行为的总体变化趋势，也称之为固定效应；

　　r_{ij}——随机测量误差；

　　u_{0j}——截距测量误差；

　　u_{1j}——斜率测量误差。

（二）分层线性模型的优点

首先，传统的处理多元重复测量数据的方差分析方法没有区别出测量水平和个体水平之间的差异，而分层线性模型通过分别考虑测量水平和个体水平的差异，因此更符合一般理论上的假设（Willett，1988）。

其次，关于测量时间间隔的问题。一般来讲，追踪数据的研究假设均为每个个体具有相同的测量次数，并且不同个体测量之间的时间间隔相同，这也给纵向研究增加了额外限制，但分层分析模型本身对数据的结构并没有这个严格的要求，使研究者享有更大的便利和灵活性①。

另外，在纵向研究中，方差齐性和随机误差独立性的前提假设很难得到保证，而分层线性模型不需要此种前提假设，更适合于纵向研究。

---

① 王静. 美国德克萨斯州儿童青少年肌肉体质健康状况及影响因素研究[D]. 上海：华东师范大学，2011.

同时，纵向研究需要对同一观测对象做多次追踪观察，测试过程中经常遇到的问题是被试者的流失。传统的分析方法是将有缺失值现象的个体从分析中删除，如此处理容易造成数据信息利用不足，而分层线性模型则允许缺失值的存在，其不要求被试者有相同的观测次数，甚至不要求有固定的测试时间点，可对缺失数据进行直接处理，分析可以保留所有的数据，以达到最大限度地利用现有样本的信息。

六、结构方程模型

结构方程模型一般由两部分组成，即结构模型与测量模型。其分析步骤包括：模型设定（Model Specification）、模型识别（Model Dentification）、模型估计（Model Estimation）、模型评价（Model Evaluation）、模型修正（Model Modification）。目前，关于结构方程模型的应用日渐增多，国内外很多学者将该模型应用于分析个体消费行为、个体锻炼行为动机或行为决策过程中，研究行为潜变量与显变量之间的关系等[1][2]。

（一）测量模型

测量模型用来界定潜变量与测量变量之间的关系，如锻炼行为模型中的行为影响变量与测量题项之间的关系，测量方程表示为

$$Y = \Lambda_y \eta + \varepsilon$$

$$X = \Lambda_x \xi + \delta$$

式中　X——外生指标（易感性认知、严重性认知等测量指标）组成的向量；

　　　Y——内生指标（行为益处认知、行为态度、行为意向等测量指标）组成的向量；

---

[1] 郭新艳,郭耀煌.四川省城市社区居民体育健身行为干预效果调查研究[J].软科学,2008,22（5）：86-89.
[2] 李广宇,刘燕,张宝荣,等.573名大学生的运动知识、态度、信念、行为[J].中国学校卫生,2004,25（1）：50-51.

Λ_x——X与外生潜变量之间的关系,通常表示为因子负荷矩阵(如严重性认知的 3 个测量指标与严重性认知的关系);

Λ_y——Y与内生潜变量之间的关系,通常表示为因子负荷矩阵(如行为益处认知的 5 个测量指标与行为益处认知的关系);

η——内生潜变量(如行为意向、行为结果等);

ξ——外生潜变量(如易感性认知、严重性认知、行为线索等);

δ,ε——指标 X,Y 的误差。

(二)结构模型

对于潜变量间的关系,通常表示为如下所示的方程模型:

$$\eta = B\eta + \Gamma\xi + \zeta$$

式中 B——内生潜变量之间的关系(如行为态度、行为意向等之间的关系);

Γ——ξ 对 η 的影响(如主体规范对行为意向的影响);

ζ——残差项,表示在方程中未能被解释的部分。

(三)拟合指数选取

为了检验结构方程模型结果与实际数据的拟合是否得当,通常需要选择不同的拟合指标(或称为拟合指数),通过检验各项检验指标是否达到要求,以此判定拟合结果的优劣。根据相关文献的搜集整理,按拟合指数的功能进行分类整理,有助于对拟合指数的合理使用(温中麟、侯杰泰、Marsh,2004)①。

拟合效果主要评价指标包括卡方指数 χ^2/df、拟合优度指数 GFI、估计误差均方根 RMSEA、标准化残差均方根 SRMR、比较拟合指数 CFI、非范拟合指数 NNFI。卡方指数 χ^2/df,指的是卡方与自由度的比值,是衡量模型整体拟合优度的重要指数。但是以卡方作为验证理论模型与现实的适配程度,很容易受到样本量的干扰,当样本数量超过 200 时,卡

---

① 温忠麟,侯杰泰,马什赫伯特.结构方程模型检验:拟合指数与卡方准则[J].心理学报,2004,36(2):186-194.

方指标的科学性将下降，因此 Bagozzi 和 Yi（1988）建议"在衡量模型拟合度时采用卡方和自由度的比值作为标准"。拟合优度指数 GFI（Goodness of Fit Index），是描述模型拟合程度好坏的一个绝对指标，其实际的取值范围为 0~1，数值越接近于 1，表示拟合效果越好，也有部分研究对此检验尺度提出，只要 GFI≥0.85 就可认为模型具有满意的拟合程度。估计误差均方根 RMSEA（Root Mean Square Error of Approximation），也是衡量拟合效果优劣的常用检验指数，通常 0.1 是基本的接受值，数值越小，表示拟合效果越好。标准化残差均方根 SRMR（Standardized Root Mean Square Residual），一般认为 SRMR 为 0.08 是最小接受取值，数值越小，表示拟合效果越好。比较拟合指数 CFI（Comparative Fit Index），表示现有结构模型相对于独立模型（假定变量之间互不相关的结构模型）的拟合优度，是描述模型拟合程度好坏的一个相对指标，其值的范围为 0~1，取值越接近 1，表示拟合程度越好，如果模型的 CFI≥0.90，则表明研究者提出的理论模型是可以接受的。非范拟合指数 NNFI（Non-Norm Fit Index）也是描述模型拟合程度好坏的一个相对指标，其实际的取值范围为 0~1，取值越高，模型的拟合程度越好[①]。

在多种用以衡量模型拟合程度的指标中，不存在"理想的"拟合指数，因为没有一个可以用来准确测定建模的成功与否，因此，在进行模型的检验时，应考虑多个不同指标的综合使用。

根据上述拟合指数选择原则和相关文献查新情况，选择 χ^2/df、GFI、RMSEA、SRMR、CFI、NNFI 等拟合优度指标来评价拟合结果，指标及其判定标准如表 2.2 所示。

表 2.2 拟合指数及其判定标准

拟合指数名称	判断标准
χ^2/df	2~5
GFI	≥0.85
RMSEA	≤0.10

---

① 侯杰泰，温忠麟，成子娟.结构方程模型及其应用[M].北京：教育科学出版社，2002.

续表

拟合指数名称	判断标准
SRMR	≤0.08
CFI	≥0.90
NNFI	≥0.90

（四）结构方程模型的特点

在行为及社会科学领域中，许多测量的题项与题项之间的误差来源是相似的，也就是测量题项的误差间具有共变关系，因此相对于传统的统计分析方法，采用结构方程模型方法具有以下几方面的优点。

首先，具有理论先验性。该方法是用以检验某一理论模式或假设模式适用与否的统计方法，即了解理论所构建的模式与研究者实际取样收集的资料间是否契合，其具有验证性而非探索性。

其次，与传统统计方法相比，结构方程方法可同时处理测量与分析的问题，还可以同时估计模型中的测量指标、潜在变量。

另外，该方法分析因变量与自变量之间的关系时，可同时分析因变量之间的相互影响或者因果关系。运用结构方程模型不仅要考察锻炼行为影响因素与行为结果的关系，还需要考虑行为影响因素之间的关系。同时，该方法与多元分析以及计量经济学的联立方程组相比，允许自变量和因变量存在一定的测量误差。当然，结构方程模型方法在使用过程中也存在一些适用条件，比如，样本量要足够大；因果模型的构建必须以科学合理的理论为基础；使用过程中需要借鉴多重检验指标评估模型的拟合效果。在研究中应考虑以上方面的限制。

第五节 实证程序

为保证调研和数据分析的合理性与完整性，实证研究分两个阶段进行：第一阶段，进行基线调查数据分析；第二阶段，进行追踪数据分析。

具体实证程序如图2.18所示。

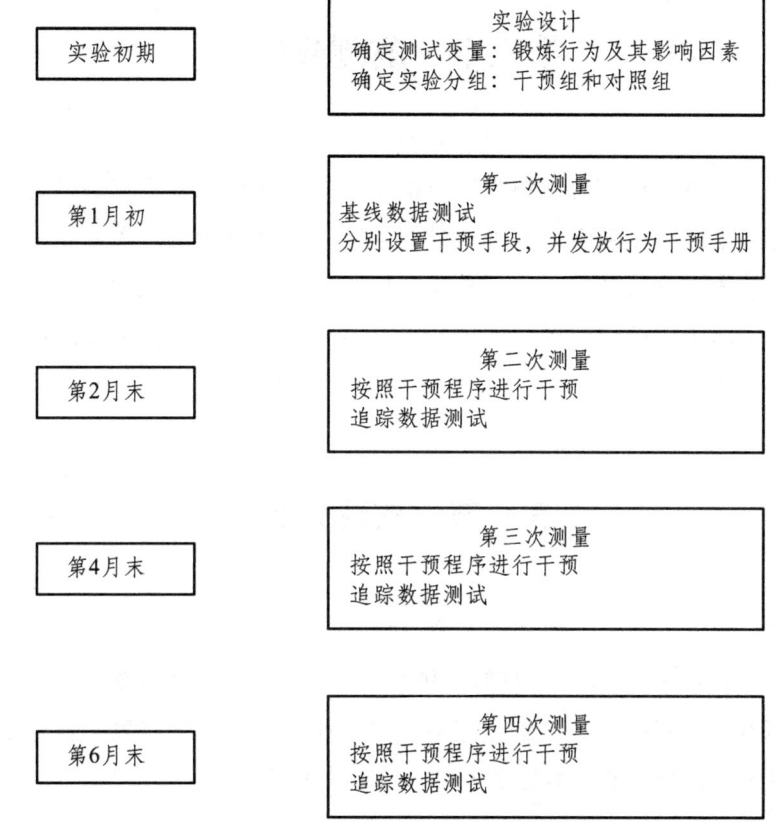

图 2.18　锻炼行为干预实证流程

笔者于2013年3月对城镇居民样本进行体育锻炼行为基线测试,之后进行了6个月行为干预,至2013年10月完成全部试验,实验期为6个月。

首次进行基线调查,在征得居民受试个体同意后,由专业行为干预工作人员向居民个体发放锻炼行为阶段调查问卷、锻炼行为整合调查问卷,测量其所处体育锻炼行为阶段以及基本信息,然后由干预者在实验后台进行居民受试者实验分组。

其次对受试者进行追踪调查,每两个月月末进行一次行为测试,共测试4次,干预组和对照组在各次调查中采用同一调查量表,调查时间一致。

第三章 前测分析

为了提高所设计问卷的效度与信度,在大规模调查之前必须进行问卷前测,包括确定量表的基本构成与问项,以及筛选与修正变量的测量问项,以达到对问卷中所涉及变量的检验目的。采用随机抽样调查的方式,利用描述性统计分析、因子分析、信度与效度检验等方法对问卷进行修改与调整。

第一节 描述分析

研究数据采集采用抽样调查的方式,前测分析时,共发放 150 份问卷,回收 150 份,回收率 100%。其中,有效问卷共计 132 份,回收有效率 88.0%。按照样本的性别、年龄、文化程度、职业等维度对样本进行描述性统计分析,具体数据分布如表 3.1~3.4 所示。

表 3.1 被调查者性别基本情况　N=132

性 别	比重/%
男 性	51.5
女 性	48.5

表 3.2 被调查者年龄基本情况　N=132

年龄	18 岁及以下	18~29 岁	30~39 岁	40~49 岁	50~59 岁	60 岁以上
比重/%	9.1	26.5	24.2	18.2	14.4	7.6

表 3.3　被调查者文化程度基本情况　　N=132

文化程度	小学及以下	初中	高中	大学（含大专）	研究生及以上
比重/%	0.6	1.1	3.6	65.5	29.2

表 3.4　被调查者职业基本情况　　N=132

职　业	比重/%
学生	18.2
事业单位人员	35.3
商业、服务性质人员	23.5
离退休人员	15.7
下岗人员	2.2
其他	5.1

第二节　探索性因子分析

因子分析是一种数据简化的技术，具体指的是"从为数众多的可观测变量中，概括和推论出少数不可观测的潜变量（又称为因子），用最少的因子概括和解释大量的观测事实，建立起最简洁、最基本的概念系统，以揭示事物之间本质联系的一种统计分析方法（孟庆茂，2006）。"

因子分析的前提是各变量之间是独立的，否则，它们之间就不存在公因子。常用的检验方法有巴特利特球形检验（Bartlett Test of Sphericity）和 KMO（Kaiser Meyer Olkin）统计量的计算值检验。

KMO 检验统计量是简单相关系数和偏相关系数的比较结果，其取值在 0~1 之间。一般的判断标准为：KMO 在 0.9 以上，非常适合；0.8~0.9 之间，很适合；0.7~0.8 之间，适合；0.6~0.7 之间，不太适合；0.5~0.6 之间，很勉强；0.5 以下，不适合。巴特利特球形检验的零假设是"相关系数矩阵是单位矩阵，原有变量适合做因子分析"。备择假设是"相关系数矩阵不太可能是单位矩阵,原有变量不适合做因子分析"。以此对原数据是否适合进行因子分析进行判断(马庆国,2002)。

在进行探索性因子分析之前,变量有多少个因子构成,因子与变量之间的从属关系等情况还不能被确定,而探索性因子分析的结果则会提供每个因子对应的特征值、方差贡献百分比、累计方差贡献百分比、因子负载值等,根据这些结果来判断因子的数目、变量与因子的从属关系。一般情况下,提取公因子按照特征值大于1、累计方差贡献百分比超过65%以及综合考虑因子负载值的大小等原则进行。

前测研究的样本数据分析最主要的目的就是通过对各变量做探索性因子分析,根据分析结果对题项内容和结构进行增删、重新归类,并据此对初始调查问卷和概念模型进行调整。根据初始概念模型,所用影响因子分别来自计划行为理论因素和健康信念理论因素,因此探索性因子分析中分别从计划行为因子和健康信念因子两方面进行分析。

一、计划行为部分因子

在概念模型和探索性调查量表中,计划行为理论测量维度包括行为态度、主体规范、主观控制感、行为意向和行为结果5个影响因素。

在因子分析过程中,采用 SPSS 软件对因子特征值进行默认设置,结合前面的假设和前人的研究结论,初始测试量表计划行为部分的因子设定为5个,共计11个题项。其因子分析的结果如表3.5所示。

检验结果显示:KMO 值为 0.795(KMO>0.7),巴特利特球形检验的显著性概率为 0.000,表明这组变量适合做因子分析。因子分析得到的5个公因子的累计解释方差为 88.841%,能够较好地解释原始变量所包含的信息。但是原有题项的 ba3(态度变量题项第3题)没有归在初始变量公因子内,其在各个公因子上的载荷值较小,而且与原有主观控制感变量中的题项内容有交叉,因此,考虑将原有题项 ba3 的题目内容并入主观控制感题项中,重新进行因子分析,得到以下分析结果,如表3.6所示。

表 3.5　计划行为部分探索性因子分析

题项	因子负载值					KMO	Sig.	各因子解释方差/%	累计解释方差/%
	1	2	3	4	5				
bo1	0.897							26.471	26.471
bo2	0.882								
bi1		0.887						18.588	45.059
bi2		0.812							
ba1			0.869			0.795	0.000	15.111	60.170
ba2			0.781						
ba3		0.179		0.292					
pbc1				0.867				14.958	75.128
pbc2				0.695					
sn1					0.846			13.713	88.841
sn2					0.734				

表 3.6　修正后的计划行为部分探索性因子分析

题项	因子负载值					KMO	Sig.	各因子解释方差/%	累计解释方差/%
	1	2	3	4	5				
bo1	0.939							26.802	26.802
bo2	0.886								
bi1		0.894						17.949	44.751
bi2		0.833							
ba1			0.873			0.869	0.000	16.123	60.874
ba2			0.861						
pbc1				0.869				15.660	76.533
pbc2				0.716					
sn1					0.850			14.652	91.185
sn2					0.801				

从以上修正后的因子分析结果可以看出：检验值 KMO 值为 0.869（KMO>0.7），巴特利特检验的显著性概率为 0.000，此结果表明原始变量可采用因子分析方法。因子分析得到的 5 个公因子的累计解释方差为 91.185%，能够较好地解释原始变量所包含的信息。

第一个因子为行为结果因子，因子解释方差为 26.802%，主要表现为锻炼行为阶段、锻炼行为强度。

第二个因子为行为意向因子，因子解释方差为 17.949%，主要表现为行为意愿和行为计划两个题项。

第三个因子为行为态度因子，因子解释方差为 16.123%，主要表现为锻炼行为带来的愉悦感和重要性程度两个题项。

第四个因子为主观控制感因子，因子解释方差为 15.660%，主要表现为对锻炼行为坚持的信心和感知到的难易程度两个题项。

第五个因子为主体规范因子，因子解释方差为 14.652%，主要表现为行为改变倾向和行为改变认可两个题项。

根据变量在 5 个因子上的载荷值，发现原问卷中的 11 个题项已经发生了部分变化，其中行为态度变量的 3 个题项删除了一个与其他变量内容交叉较大的题项（ba3）。因此，根据探索性研究的分析结果，初始概念模型和原始量表均需要做相应的修正。

二、健康信念部分因子

在概念模型和探索性调查量表中，健康信念理论测量维度包括易感性认知、严重性认知、行为益处认知、行为障碍认知、行为线索、行为结果 6 个影响变量。

在因子分析过程中，采用 SPSS 软件对因子特征值进行默认设置，结合前面的假设和前人的研究结论，初始测试量表健康信念部分的因子设定为 6 个，共计 24 个题项。由于行为结果同时在计划行为部分已经做了分析，因此这里分析前面 5 个原始因子，共计 22 个题项。其因子分析的结果如表 3.7 所示。

表 3.7　健康信念部分探索性因子分析

题项	因子负载值					KMO	Sig.	各因子解释方差/%	累计解释方差/%
	1	2	3	4	5				
bc1	0.725							17.452	17.452
bc2	0.667								
bc3	0.730								
bc4	0.717								
bc5	0.786								
bc6	0.772								
bc7	0.865								
bc8	0.071		0.157						
pe1		0.771						15.951	33.403
pe2		0.759							
pe3		0.824				0.746	0.000		
pe4		0.817							
pe5		0.705							
pse1			0.012	0.179				13.562	46.965
pse2			0.802						
pse3			0.813						
pa1				0.753				12.914	59.876
pa2				0.723					
pa3				0.734					
pa4				0.848					
psu1					0.826			10.401	70.280
psu2					0.763				

检验值 KMO 值为 0.746（KMO＞0.7），巴特利特检验的显著性概率为 0.000，此结果表明这组变量适用因子分析方法的条件。因子分析得到的 5 个公因子的累计解释方差为 70.280%，能够很好地解释原始变量所包含的信息。但是原有题项的 bc8（行为线索变量题项第 8 题）没有归在初始变量公因子内，其在各个公因子上的载荷值较小，根据载荷最大值

的归属，发现其与严重性认知变量中的题项内容有交叉，而同时严重性认知中的题项 pse1 与易感性认知变量中的题项内容有交叉。因此，考虑将原有题项 bc8 的题目内容并入严重性认知变量题项中，将原有题项 pse1 的题目内容并入易感性认知变量题项中，重新进行因子分析，得到以下分析结果，如表 3.8 所示。

表 3.8 修正后的健康信念部分探索性因子分析

题项	因子负载值					KMO	Sig.	各因子解释方差/%	累计解释方差/%
	1	2	3	4	5				
pe1	0.879								
pe2	0.759							19.169	19.169
pe3	0.851								
pe4	0.822								
pe5	0.816								
bc1		0.809							
bc2		0.749							
bc3		0.815				0.719	0.000		
bc4		0.804						17.676	36.845
bc5		0.851							
bc6		0.778							
bc7		0.764							
pse2			0.824					13.945	50.790
pse3			0.829						
pa1				0.835					
pa2				0.788				12.614	63.404
pa3				0.765					
pa4				0.883					
psu1					0.766			10.298	73.702
psu2					0.797				

检验值 KMO 值为 0.719（KMO＞0.7），巴特利特球形检验的显著性概率为 0.000，此结果表明这组变量可通过因子分析方法进行因素简化。因子分析得到的 5 个公因子的累计解释方差为 73.702%，能够很好地解释原始变量所包含的信息。

第一个因子为行为益处认知因子，因子解释方差为 19.169%，主要表现为身体机能益处认知、心理因素益处认知、健康促进益处认知、生命促进益处认知和社会交往益处认知 5 个方面题项。

第二个因子为严重性认知因子，因子解释方差为 13.945%，主要表现为身体状况改变和生活状况改变两个方面题项。

第三个因子为行为线索因子，因子解释方差为 17.676%，主要表现为医生建议、电视广告、朋友建议、报纸杂志、家人建议、朋友疾病经验、家人疾病经验 7 个方面题项。

第四个因子为行为障碍认知因子，因子解释方差为 12.614%，主要表现为锻炼环境、时间开销、体力消耗和家庭阻力 4 个方面题项。

第五个因子为易感性认知因子，因子解释方差为 10.298%，主要表现为患慢性病概率和体质变差概率 2 个方面题项。

第三节 信效度检验

信度和效度是数据分析的两个重要指标。其中，信度是采用同一方法对同一对象进行调查时，问卷调查结果是否是稳定和一致的，也可称为"可靠性"。效度是指问卷正确测量研究者所要测量的变量的程度。在量表信效度检验过程中，信度检验采用 Cronbach α 信度系数（1965 年由 Cuieford 提出）检验其内部一致性、重测信度检验其外部一致性；问卷效度使用表面效度和结构效度进行检验。其中，Cronbach α 信度系数值越大，代表其内部一致性越高，即受试者对测量指标反应的一致性程度越高。通常情况下，0.70 为最小接受值。结构效度通常采用因子分析方法进行检验，标准化的因子负载值在理论上的最低临界值为 0.60，同时所提取的公因子能够解释原始因素 70%以上的信息。

采用的整合量表为结合计划行为理论、健康信念模式自行设计的量表。量表包含个人基本信息 4 项（性别、职业、年龄、受教育程度）及易感性认知、严重性认知、行为障碍认知、行为益处认知、行为线索、态度、主体规范、主观控制感、行为意向、行为结果 10 个分量，共计 33 项条目。量表采用李克特五点量表计分方法，即"非常不同意"计 1 分，"不同意"计 2 分，"不确定"计 3 分，"同意"计 4 分，"非常同意"计 5 分。

一、量表条目分析

首先，按照初试受试者在量表初稿得分的总和进行高低排列，其中，将得分前 27%者列为高分组，得分后 27%者列为低分组，以独立样本 T 检验分析两组在每项条目上的差异性，将 T 检验结果没有达到显著水准（$p>0.05$）的条目进行调整和修改，形成二次测试量表，根据修改后量表分析结果显示，测量工具的各项条目能鉴别不同体育锻炼者的行为特点（见表 3.9），具有较好的区分度。

表 3.9 体育锻炼行为整合量表各项目区分度检验表

项目	T 值	p 值	项目	T 值	p 值	项目	T 值	p 值
q1	−11.058	0.000**	q12	−7.021	0.000**	q23	−4.256	0.000**
q2	−7.802	0.000**	q13	−4.974	0.000**	q24	−8.260	0.000**
q3	−6.151	0.000**	q14	−4.455	0.000**	q25	−11.352	0.000**
q4	−6.668	0.000**	q15	−9.477	0.000**	q26	−8.613	0.000**
q5	−5.598	0.000**	q16	−4.151	0.000**	q27	−6.101	0.000**
q6	−4.460	0.000**	q17	−4.375	0.000**	q28	−9.921	0.000**
q7	−4.705	0.000**	q18	−5.761	0.000**	q29	−3.099	0.002**
q8	−9.695	0.000**	q19	−7.635	0.000**	q30	−5.133	0.000**
q9	−11.933	0.000**	q20	−7.738	0.000**	q31	−5.210	0.000**
q10	−3.331	0.002**	q21	−9.124	0.000**	q32	−3.310	0.002**
q11	−5.480	0.000**	q22	−3.333	0.002**	q33	−9.125	0.000**

注：* 表示在 0.05 的水平下差异显著。
** 表示在 0.01 的水平下差异显著。

二、量表信度和效度检验

采用 Cronbach α 系数检验量表的内部信度,结果如表 3.10 所示(除去个人信息部分),各项变量的 α 系数均满足检验标准(即大于 0.70)。同时,研究对成都市的部分城镇社区的调查对象(居民 36 人)进行了重测,以验证研究量表的外部信度,时间间隔为 4 周,采用同一量表进行重复测试,结果显示:量表的皮尔逊相关系数为 0.89($p<0.01$)。因此,研究结果显示问卷的信度较好。

表 3.10 体育锻炼行为整合问卷的信度、效度分析结果

因 子	条目数	Cronbach α 系数	因子贡献率/%
态度	3	0.859	13.970
行为线索	8	0.811	11.991
行为益处认知	5	0.883	9.159
严重性认知	3	0.782	6.407
行为障碍认知	4	0.890	6.125
主体规范	2	0.761	5.348
易感性认知	2	0.762	5.123
主观控制感	2	0.795	4.912
行为意向	2	0.816	4.774
体育锻炼行为	2	0.830	3.940
问卷合计	33	0.865	累计贡献率 71.749

效度上,本研究的问卷设计,主要依据计划行为理论和健康信念模式的原版英文量表以及对相关变量的文献搜索,问卷的项目首先进行了翻译和校对,对项目进行了必要的修改,调整词语模糊、表述不清的项目,对某些可能引起歧义的用词进行修改,以确定所有量表项目都能准确表达所需求的内容,以保证调查问卷具有较好的表面效度。进而,采用因子分析方法检验量表的结构效度。对于所有测量指标而言,各测量指标因子负载值多在 0.70 以上,所提取公因子的累积贡献率达到 71.749%,均达到理论临界值的标准,表明研究问卷效度较好。

检验结果表明，问卷有较好的效度和信度。

第四节 模型及量表修正

分析结果表明，实证分析设计的量表信效度良好，但为使其语意更易理解，研究对量表题项的表述方式根据调查的群体特征进行了调整，如对"意向""态度"等题项在原有含义基础上进行了更通俗化的调整。根据以上探索性分析结果，初始问卷中"态度"分量中的第三题（题项 ba3）题目内容并入主观控制感题项中；严重性认知分量中的第一题（题项 pse1）题目内容并入易感性认知变量题项中；行为线索分量中的第八题（题项 bc8）题目内容并入严重性认知变量题项中，其余部分保持不变。问卷整体因子仍旧为易感性认知、严重性认知、行为障碍认知、行为益处认知、行为线索、态度、主体规范、主观控制感、行为意向、行为结果 10 个因子。

修正后的量表采用调查人员随机走访和分片区集中被调查者到调查点的方式进行问卷调查，没有阅读困难者在调查人员指导下自行填写，反之由调查人员通过访谈和提问方式代为补充填写，所有调查均要求调查人员在进行调查之前详细解释调查的目的、量表的构成以及设计问题的方式（调查量表见附录Ⅱ）。

第四章 模型检验与修正

第一节 描述分析

数据采集采用抽样调查的方式取得，基线调查时样本量为 343 人。首先，按照样本的性别、年龄、文化程度、职业等维度对样本进行描述性统计分析，具体数据分布如表 4.1~4.4 所示。

表 4.1 被调查者性别基本情况（基线数据）N=343

性别	比重/%
男性	47.1
女性	52.9

表 4.2 被调查者年龄基本情况（基线数据）N=343

年龄	18 岁及以下	18~29 岁	30~39 岁	40~49 岁	50~59 岁	60 岁以上
比重/%	6.5	10.8	25.7	28.1	19.2	9.7

表 4.3 被调查者文化程度基本情况（基线数据）N=343

文化程度	小学及以下	初中	高中	大学（含大专）	研究生及以上
比重/%	4.9	10.5	25.2	38.1	21.3

表 4.4 被调查者职业基本情况（基线数据）N=343

职业	比重/%
学生	10.5
事业单位人员	22.3
商业、服务性质人员	20.1
离退休人员	11.6
下岗人员	20.2
其他	15.3

将样本随机分为两组，且两组受试者在锻炼行为结果和行为特征变量上差异均无统计学意义（$p>0.05$），其中干预组 165 人，对照组 178 人。

第二节 分布检验

一、正态分布检验

有关实证方面的调查研究，首先需要对样本数据的分布进行检验。正式研究样本数据的正态分布检验结果如表 4.5 所示。

表 4.5 正式研究样本数据的正态分布检验

维 度	题项	均值	标准差	偏度	峰度	p 值（S-W 检验）
行为结果	bo1	3.38	0.344	-0.542	-0.366	0.085
	bo2	3.20	0.287	0.643	-0.331	0.098
行为态度	ba1	4.11	0.350	-0.690	0.543	0.080
	ba2	3.85	0.478	-0.468	0.611	0.116
主体规范	sn1	3.88	0.656	-0.521	-0.358	0.065
	sn2	3.60	0.790	-0.449	-0.672	0.072
主观控制感	pbc1	3.45	0.221	-0.364	-0.786	0.071
	pbc2	3.31	0.324	-0.455	-0.609	0.114
易感性认知	psu1	3.48	0.573	-0.347	0.599	0.072
	psu2	3.70	0.698	-0.809	0.406	0.089
严重性认知	pse1	3.59	0.571	-0.554	0.406	0.540
	pse2	3.73	0.422	-0.820	0.493	0.650
行为益处认知	pe1	4.11	0.552	-0.603	-0.752	0.102
	pe2	4.07	0.407	-0.448	-0.336	0.178
	pe3	3.76	0.325	-0.289	-0.693	0.218
	pe4	3.95	0.419	-0.703	-0.676	0.154
	pe5	3.71	0.226	-0.574	-0.479	0.890

续表

维　　度	题项	均值	标准差	偏度	峰度	p 值（S-W 检验）
行为障碍认知	pa1	2.75	0.315	0.326	−0.224	0.089
	pa2	2.89	0.274	0.548	−0.848	0.115
	pa3	2.44	0.659	0.643	−0.752	0.102
	pa4	2.04	0.588	0.332	−0.565	0.080
行为线索	bc1	3.34	0.217	0.513	−0.693	0.054
	bc2	2.65	0.269	0.382	−0.676	0.103
	bc3	3.41	0.324	0.169	−0.221	0.154
	bc4	3.30	0.346	0.246	−0.205	0.211
	bc5	3.54	0.119	0.321	−0.421	0.080
	bc6	2.81	0.210	0.459	−0.298	0.065
	bc7	2.75	0.181	0.511	−0.346	0.064
行为意向	bi1	3.92	0.383	−0.770	0.288	0.075
	bi2	3.68	0.229	−0.632	0.354	0.102

根据有关正态分布检验的论述，所有题项值均在参考标准范围以内，偏度系数和峰度系数绝对值在 0~1 范围内，且检验 p 值大于 0.05。检验结果表明，选取的调查样本分布满足正态分布的相关要求，满足结构方程模型建模与分析的条件。

二、基本分布检验

根据阶段变化法则，基线调查即干预前，研究中干预组有 10.9% 的受试者处于前意向阶段，23.6% 的受试者处于意向阶段，36.4% 的受试者处于行动准备阶段，20.6% 的受试者处于行动阶段，8.5% 的受试者处于行动维持阶段。对照组各阶段人数分别占 10.1%、24.2%、34.8%、21.3% 和 9.6%。

不同变量在各个锻炼阶段间的描述统计结果如表 4.6 所示，从调查结果来看，居民对于锻炼益处的认知程度（M=3.92，SD=0.326）要高于障碍的认知程度（$M=2.53$，$SD=0.571$），态度和行为意向在行动维持阶段分量得分较高，分别为 4.82 和 4.73。而主观控制感、严重性认知、易感性认知和行为意向是前意向阶段得分较低的项目。

表 4.6　不同变量在各阶段间的均值和标准差统计结果（$\bar{x}\pm s$）

分量	锻炼阶段划分					
	前意向阶段	意向阶段	准备阶段	行动阶段	维持阶段	总体样本
行为线索	2.83±0.231	3.98±0.438	3.45±0.393	2.88±0.160	2.37±0.431	3.10±0.199
严重性认知	2.39±0.320	3.71±0.106	3.70±0.356	4.15±0.129	4.35±0.680	3.66±0.219
易感性认知	2.44±0.199	2.85±0.480	3.90±0.580	4.36±0.105	4.40±0.486	3.59±0.688
行为障碍认知	3.61±0.589	3.04±0.114	2.28±0.449	2.03±0.233	1.67±0.306	2.53±0.571
行为益处认知	2.78±0.480	3.85±0.690	4.11±0.541	4.30±0.562	4.54±0.590	3.92±0.326
行为态度	2.70±0.166	3.88±0.559	3.92±0.582	4.58±0.579	4.82±0.469	3.98±0.498
主体规范	2.61±0.327	3.11±0.673	3.94±0.467	4.44±0.570	4.60±0.694	3.74±0.784
主观控制感	1.83±0.098	2.79±0.402	3.24±0.151	4.35±0.807	4.68±0.561	3.38±0.272
行为意向	2.64±0.398	3.28±0.587	3.84±0.308	4.51±0.573	4.73±0.560	3.80±0.294

为了更深入地探究个体体育锻炼行为分布的基本特征，研究还对不同锻炼阶段与锻炼益处及障碍认知的变化关系进行了相关分析。结果表明，锻炼益处分量表与锻炼前意向阶段负向相关，而且生命促进、身体机能、预防保健等分量表与之相关性显著，而锻炼益处分量表在锻炼行动和维持

阶段显示正向相关关系，且相关性显著。相反，锻炼障碍量表与体育锻炼阶段的变化是从早期的锻炼前意向阶段的正向相关逐步过渡到锻炼行动维持阶段的负向相关。与锻炼前意向阶段呈正向显著相关的分量表有时间开销、体力消耗、家庭阻力等，具体数据如表 4.7、表 4.8 所示。

表 4.7 锻炼益处与锻炼阶段相关性比较结果

锻炼益处分量表	锻炼阶段划分				
	前意向阶段	意向阶段	计划阶段	行动阶段	维持阶段
身体机能	−0.272**	−0.012	0.075*	0.025	0.184**
心理观念	0.012	0.079*	−0.304**	0.018	0.228**
生命促进	−0.183**	−0.022	−0.030	0.069*	0.207**
社会交往	−0.090	0.062	−0.177**	0.187**	0.243**
预防保健	−0.058	−0.217**	−0.031	0.083*	0.234**

注：* 表示在 0.05 的水平相关性显著。

** 表示在 0.01 的水平相关性显著。

表 4.8 锻炼障碍与锻炼阶段相关性比较结果

锻炼障碍分量表	锻炼阶段划分				
	前意向阶段	意向阶段	计划阶段	行动阶段	维持阶段
体力消耗	0.117*	−0.109	−0.051	−0.046	−0.131*
锻炼环境	0.029	0.021	−0.120*	−0.099*	−0.046
时间开销	0.181**	−0.104	−0.017	−0.018	−0.122*
家庭阻力	0.028	0.119*	0.003	−0.113	−0.008

注：* 表示在 0.05 的水平相关性显著。

** 表示在 0.01 的水平相关性显著。

研究发现，个体参与锻炼的行动和维持阶段与锻炼益处量表呈正向相关关系，而与锻炼障碍量表呈负向相关关系。研究结果发现，在个体参与锻炼的前意向阶段，虽然对于体育锻炼对身体健康及生命质量促进有较好的认知，相关性显著（$p<0.01$），但与心理表现以及社会交往量

表相关性并不明显。而该阶段与障碍量表的相关性也显示，相关性较为明显的量表主要体现在体力消耗、时间开销等个人因素方面。动机理论认为，社会交往因素是个体持续参与锻炼行为的核心动机因素之一。因此，研究认为，在体育锻炼的前意向阶段，个体的内部因素或者锻炼动机是其锻炼行为改变的主要因素。另外，研究结果显示（见表 4.8），"锻炼环境"的障碍因素只是在个体参与体育锻炼的计划阶段和行动阶段相关性较为明显，但是在行为的维持阶段相关性并不明显。在早期的锻炼动机和锻炼阶段的相关性研究中，研究者们也论证了外部动机在体育锻炼的行动阶段作用较强，而在行为维持阶段作用较弱的结论[①]。因此，"锻炼环境"等外部因素只能在短期内改变个体的行为，并不能在行为的长期维持上起决定性作用。相反，体力消耗、时间开销等个人因素与个体持续参与锻炼行为相关性明显（$p < 0.05$）。因此，这为早期的运动干预提供了新的工作思路。

三、阶段差异性

变量与行为阶段的基本数据关系的描述还不足以论证行为阶段的存在性，为了进一步探究各个分量表在锻炼阶段之间的差异性，研究对各组分量表进行了差异性分析。

（一）人口学相关分量

处于不同锻炼阶段的居民个体，具有不同的社会人口学特征，主要包括受试者的性别、职业、年龄以及其受教育程度等方面。一些研究发现，不同性别、年龄、职业、受教育程度的锻炼者在体育锻炼行为态度、认知和行为意向上存在着一些差异。曹佃省（2010）在对青少年健康锻炼行为研究中发现，年龄、性别、种族等因素都影响青少年健康锻炼行为，其中，年龄小、低年级的锻炼活动更多，随着年龄及年级的增长，锻炼活动呈减少趋势[②]；段艳平、WALTER 等（2012）对中德成年人健身

[①] INGLEDEW D K, MARKLAND D, MEDLEY A R. Exercise motives and stages of change [J]. Journal of Health Psychology, 1998, 3（4）：477-489.

[②] 曹佃省,谢光荣. 从行为意向到健康行为程式模型(HAPA)概述[J].中国临床心理学,2010,18（6）：809-812.

行为调查研究中也发现，体育锻炼行为特征在年龄、受教育程度及国别上均存在显著性差异[①]。

为了探究各因素分量在锻炼阶段之间的差异性，以确定其对个体体育锻炼行为结果的影响效果，研究对各因素进行了单因素方差分析，具体数据如表 4.9 所示。结果表明，性别、年龄、职业、受教育程度等均在不同阶段上差异显著。

表 4.9　各因素分量对不同锻炼阶段的单因素方差分析结果

人口学因素分量	p 值
性别	0.042*
年龄	0.000**
职业	0.000**
受教育程度	0.010**

注：* 表示在 0.05 的水平下差异显著。
　　** 表示在 0.01 的水平下差异显著。

进而，研究也对人口学因素各分量对不同阶段的影响程度进行了分析（见表 4.10），结果表明，在前意向阶段，除了受教育程度因素外，其他个体人口学因素差异并不具有统计学意义。前述研究提示，在前意向阶段行为益处、障碍、易感性和严重性等认知因素对锻炼结果起重要的预测作用，而不同的受教育程度对此类知识的获取渠道和程度均不同；而从意向阶段到维持阶段，年龄和职业均体现出显著的差异性，这一方面表明了在现代社会生活环境下，不同年龄层次对各锻炼阶段的差异性，同时，表明了职业所决定的锻炼时间、锻炼环境和条件等因素依旧是影响个体参与体育锻炼的重要因素；在维持阶段，性别、年龄、职业和受教育程度差异性显著。在早期的锻炼动机和锻炼阶段的相关性研究中，部分研究者论证了外部动机在体育锻炼的行动阶段作用较强，而在行为

---

① 段艳平，WALTER B，HELMUT S，等. 成年人身体活动变化的理论建构、问卷发展及系列实证研究——一项中德合作科研课题[J]. 天津体育学院学报，2012，27（3）：202-209.

维持阶段作用较弱的结论。此结果提示，个体人口学因素对个体内在行为动机的形成起重要的影响作用。

表 4.10　不同分量在各个阶段的差异性（p 值）

锻炼阶段	前意向阶段	意向阶段	准备阶段	行动阶段	维持阶段
性别	0.250	0.013*	0.339	0.152	0.045*
年龄	0.935	0.000**	0.000**	0.000**	0.000**
职业	0.840	0.042*	0.000**	0.000**	0.000**
受教育程度	0.048*	0.395	0.005**	0.008**	0.038*

注：* 表示在 0.05 的水平下差异显著。
　　** 表示在 0.01 的水平下差异显著。

（二）其他分量

通过单因素方差分析结果显示，不同分量在各阶段之间的差异具有统计学意义（$p<0.05$），提示阶段非连续性的存在，具体数据如表 4.11 所示。

表 4.11　各分量表对不同锻炼阶段的单因素方差分析结果

分　量	p 值
行为线索	0.005**
严重性认知	0.000**
易感性认知	0.000**
行为障碍认知	0.000**
行为益处认知	0.002**
态度	0.000**
主体规范	0.000**
主观控制感	0.000**
行为意向	0.000**

注：* 表示在 0.05 的水平下差异显著。
　　** 表示在 0.01 的水平下差异显著。

同时，研究也对各分量在相邻阶段间的差异进行了两两对比，结果显示，前意向阶段到意向阶段，除行为益处认知差异不显著以外，其余变量均体现一定的差异显著性；意向阶段到准备阶段，行为线索、严重性认知、易感性认知、态度、主观控制感分量差异均具有统计学意义；准备阶段到行动阶段，态度、主体规范、主观控制感、行为意向分量差异均具有统计学意义；行动阶段到维持阶段，差异显著的分量包括行为障碍认知、行为益处认知、态度和行为意向，具体统计数据如表 4.12 所示。

表 4.12 模型各分量在各锻炼阶段间的差异

分量	各相邻阶段对比（p值）			
	前意向阶段与意向阶段	意向阶段与准备阶段	准备阶段与行动阶段	行动阶段与维持阶段
行为线索	0.003**	0.005**	0.277	0.306
严重性认知	0.020*	0.003**	0.329	0.269
易感性认知	0.017*	0.000**	0.467	0.820
行为障碍认知	0.030*	0.141	0.787	0.001**
行为益处认知	0.453	0.256	0.199	0.004**
态度	0.000**	0.013*	0.000**	0.025*
主体规范	0.046*	0.722	0.000**	0.235
主观控制感	0.000**	0.001**	0.000**	0.081
行为意向	0.000**	0.545	0.000**	0.035*

注：* 表示在 0.05 的水平差异显著。
　　** 表示在 0.01 的水平差异显著。

四、阶段非连续性

研究对整合模型中的各个变量对不同锻炼阶段分别做等级回归分析，将体育锻炼行为作为因变量，将整合模型中的行为特征变量作为预测变量进入等级回归模型进行分析，以验证行为阶段的非连续性。

等级回归结果显示（见表 4.13），整合模型各变量在不同锻炼阶段间对锻炼行为的预测作用存在一定的差异。在前意向阶段，行为线索、行为障碍认知与锻炼行为正向相关，而易感性认知、严重性认知、行为益处认知、态度、主体规范、主观控制感和行为意向等变量均呈现负向相关，其中，严重性认知、易感性认知、行为益处认知和行为障碍认知变量是显著预测变量，其余为非显著预测变量，总共解释体育锻炼行为变异的 25.9%（$R^2=0.259$）；在意向阶段，严重性认知和易感性认知与锻炼行为负向相关，其余变量为正向相关，其中，行为线索、行为态度是显著预测变量，其余为非显著预测变量，总共解释体育锻炼行为变异的 27%（$R^2=0.270$）；在准备阶段，行为障碍认知与锻炼行为负向相关，其余变量为正向相关，其中，行为线索、行为障碍认知、行为态度、主体规范和行为意向是显著预测变量，其余为非显著预测变量，总共解释体育锻炼行为变异的 36.1%（$R^2=0.361$）；在行动阶段，行为障碍认知与锻炼行为负向相关，其余变量为正向相关，其中，易感性认知、态度、

表 4.13 模型各分量在各锻炼阶段间对锻炼行为的预测作用

分 量	前意向阶段 β	意向阶段 β	准备阶段 β	行动阶段 β	维持阶段 β
行为线索	0.101	0.129*	0.142**	0.105	0.096
严重性认知	-0.156**	-0.071	0.018	0.114	0.131*
易感性认知	-0.205**	-0.073	0.103	0.130*	0.143**
行为障碍认知	0.132*	0.053	-0.122*	-0.099	-0.102
行为益处认知	-0.175**	0.099	0.107	0.112	0.115
态度	-0.053	0.130*	0.145**	0.151**	0.164**
主体规范	-0.095	0.051	0.131*	0.140**	0.113
主观控制感	-0.076	0.039	0.101	0.148**	0.159**
行为意向	-0.045	0.057	0.132*	0.142**	0.204**

注：* 表示在 0.05 的水平差异显著。
　　** 表示在 0.01 的水平差异显著。

主体规范、主观控制感、行为意向是显著预测变量,其余为非显著预测变量,总共解释体育锻炼行为变异的 25.1%（$R^2 = 0.251$）；在维持阶段,行为障碍认知与锻炼行为结果负向相关,其余变量为正向相关,其中,严重性认知、易感性认知、态度、主体规范、主观控制感和行为意向均为显著预测变量,总共解释体育锻炼行为变异的 31.4%（$R^2 = 0.314$）。

个体体育锻炼行为阶段非连续性分析结果显示,行为特征变量对行为阶段的预测性存在一定的差异性,研究结果为体育锻炼行为阶段在不同年龄及性别群体、不同文化背景、不同个体行为特征中的存在性提供了充分的佐证。研究提示不同行为阶段的居民个体在心理认知状态、行为意向水平方面均存在差异,同时也面临不同的困难和障碍。因此,在城镇居民体育锻炼行为干预环节,可考虑个体所处的不同行为阶段采用阶段性匹配干预手段进行干预。

第三节 行为预测及检验

根据计划行为理论、健康信念模式以及锻炼行为的其他相关研究,分析影响体育锻炼行为的因素主要包括行为态度、主体规范、主观控制感、易感性认知、严重性认知、行为益处认知、行为障碍认知、行为线索、行为意向等（Ajzen I. & Fishbein M., 1980）。本理论模型假设：行为态度、主体规范、主观控制感、易感性认知、严重性认知、行为益处认知、行为障碍认知、行为线索、行为意向等因素对居民个体体育锻炼行为的形成有影响。

一、检验程序

模型使用的数据为纵向数据,即在一定时间段内多次观测城镇居民受试个体体育锻炼行为特征,采用分层线性模型方法研究个体体育锻炼行为随时间发展的差异和个体间发展的差异。其中,不同时段影响因素的观测数据作为模型数据结构的第一层，个体差异则是模型数据结构的第二层。由于研究重点只是确定纳入城镇居民体育锻炼行为解释框架的因素及对行为结果变异的解释程度，因此构建的预测模型中的第二层方程不加任何自变量。

在具体操作过程中，首先通过基本检验模型、行为增长模型分析建立多层次分析模型的必要性，在此基础上，构建行为预测模型并分析结果。而模型的测试和求解均使用HLM7.0软件进行分析。

二、变量设定

根据研究假设中所涉及的有关变量，为了应用HLM7.0软件实施研究的需要，设定各层变量如下所示。

y：因变量，表示城镇居民受试个体体育锻炼行为结果测试变量。

$time$：测量时间，共测试4次。

$xwyx$：锻炼行为意向，共含有2个测试变量。

td：锻炼行为态度，共含有2个测试变量。

$zgkzg$：主观控制感，共含有2个测试变量。

$zgkzg$：主体规范，共含有2个测试变量。

$xwyc$：锻炼行为益处认知，共含有5个测试变量。

$xwza$：锻炼行为障碍，共含有4个测试变量。

$ygxrz$：易感性认知，共含有2个测试变量。

$yzxrz$：严重性认知，共含有2个测试变量。

$xwxs$：锻炼行为线索，共含有7个测试变量。

需要说明的是，各变量的取值均是根据其在问卷中相应题项的计量尺度进行计算的。

三、基本检验模型

模型将研究问题的总变异解释为个体内和个体间两个部分。此模型是用来检验体育锻炼行为在居民受试个体之间是否存在变异，是分析行为增长以及构建行为预测全模型的基本检验模型，如果个体之间的锻炼行为变异是显著的，才有必要建立多层次分析模型；反之，则不适合采用。

（一）模型的构建

Level-1 Model：$y = \beta_0 + r$

Level-2 Model：$\beta_0 = \gamma_{00} + u_0$

其中，第一水平模型主要分析个体内的差异，y 为居民受试个体体育锻炼行为结果的指标，作为第一层次方程中的因变量，在首次测试后，每两个月测试一次，共测试 4 次。第二水平模型主要分析居民受试个体间的差异。

（二）模型的结果与分析

运用 HLM7.0 程序处理的结果如表 4.14 所示。

表 4.14 基本检验模型中随机效应估计结果

随机效应	方差	p 值
截距，u_0	0.063 6	<0.001
Level-1，r	0.286 2	<0.001

随机部分参数估计结果显示，居民受试个体之间的锻炼行为存在显著的变异（方差为 0.063 6，$p<0.001$）。而这一结果与前测分析中的证明结果一致，即不同性别、年龄、职业、受教育程度的居民受试个体的体育锻炼行为存在显著性差异。

因此，上述结果表明，有必要建立锻炼行为分层模型进行研究分析和解释。

四、行为增长模型

行为增长模型是建立锻炼行为预测全模型的基础，主要用来解释居民受试个体的锻炼行为是否存在线性变化趋势，以及这种变化趋势在个体之间是否存在差异。

（一）模型的构建

Level-1 Model：$y = \beta_0 + \beta_1(time) + r$

Level-2 Model：$\beta_0 = \gamma_{00} + u_0$

$\beta_1 = \gamma_{10} + u_1$

其中，居民受试个体的锻炼行为结果为因变量，作为第一层次方程中的因变量，以每次测量的时间（$time$）为预测变量。γ_{00}和γ_{10}分别表示截距和斜率的整体均值，u_0和u_1分别表示截距和斜率的残差。

（二）模型的结果与分析

将上述模型在 HLM7.0 中计算处理结果显示，固定部分参数估计结果表明（见表 4.15），从第一次测试到最后一次测试这段时间，个体参与锻炼行为有明显上升趋势（$\gamma_{10} = 0.301\ 9$，$se = 0.045\ 9$，$p < 0.001$），其平均上升速率为 0.301 9。

表 4.15　行为增长模型中固定效应估计结果

固定效应	系数	标准误差 se	p 值
For INTRCPT1，β_0 INTRCPT2，γ_{00}	2.818 5	0.026 9	< 0.001
For time slope，β_1 INTRCPT2，γ_{10}	0.301 9	0.045 9	< 0.001

随机效应的结果表明（见表 4.16），在第一水平中，截距和斜率均存在显著的个体差异（$p < 0.001$），说明在测试的初始状态，参与体育锻炼的行为个体差异显著，且从首次测试至测试第 4 次这段时间，体育锻炼行为变化速率也存在显著的个体差异。

表 4.16 行为增长模型中随机效应估计结果

随机效应	方差	p 值
截距，u_0	0.590 2	< 0.001
time slope，u_1	0.401 6	< 0.001

五、行为预测模型

根据基本检验模型和行为增长模型的分析结果，构建锻炼行为预测的全模型，以对居民测试个体的锻炼行为影响因素对锻炼结果的贡献效果进行科学的界定与解释。

（一）行为意向变量进入第一层方程

模型构建：

Level-1 Model： $y = \beta_0 + \beta_1(time) + \beta_2(bi1) + \beta_3(bi2) + r$

Level-2 Model： $\beta_0 = \gamma_{00} + u_0$

$\beta_1 = \gamma_{10} + u_1$

$\beta_2 = \gamma_{20} + u_2$

$\beta_3 = \gamma_{30} + u_3$

其中，受试者首次及追踪测试时的行为意向测试变量（$bi1, bi2$）作为自变量，用来预测体育锻炼行为的发展趋势。由于该模型重点考虑随时间变化的预测变量对因变量发展趋势的影响，所以测试变量进入方程第一层来解决这个问题（因此，这里暂不考虑第二水平预测变量的解释作用）。

将上述模型在 HLM7.0 中计算处理结果显示，固定部分参数估计结果表明（见表 4.17），从测试开始到结束，个体行为意向变量对其参与体育锻炼行为有正向预测作用，并且存在显著差异（$p < 0.001$），其平均上升速率分别为 0.402 1、0.274 6。

表 4.17　模型中固定效应估计结果

固定效应	系数	标准误差	p 值
For bi1 slope，β_2 INTRCPT2，γ_{20}	0.402 1	0.036 8	< 0.001
For bi2 slope，β_3 INTRCPT2，γ_{30}	0.274 6	0.014 8	< 0.001

同时，从随机部分的参数估计结果可以看出（见表 4.18），考虑了行为意向对个体发展差异的影响之外，第一水平的截距和斜率仍旧存在显著的差异（$p<0.001$），但效果较以前有所下降。截距的随机变异下降了 17.1%（从 0.590 2 下降到 0.489 1），斜率的随机变异从 0.401 6 下降到 0.376 4，下降了 6.3%，分别说明了行为意向解释了行为结果的部分变异。

表 4.18　模型中随机效应估计结果

随机效应	方差	p 值
截距，u_0	0.489 1	< 0.001
time slope，u_1	0.376 4	< 0.001

（二）行为态度变量进入第一层方程

模型构建：

Level-1 Model：$y = \beta_0 + \beta_1(time) + \beta_2(ba1) + \beta_3(ba2) + r$

Level-2 Model：$\beta_0 = \gamma_{00} + u_0$

$\beta_1 = \gamma_{10} + u_1$

$\beta_2 = \gamma_{20} + u_2$

$\beta_3 = \gamma_{30} + u_3$

其中，受试者首次及追踪测试时的行为态度测试变量（$ba1, ba2$）作为自变量，用来预测体育锻炼行为的发展趋势。

将上述模型在 HLM7.0 中计算处理结果显示，固定部分参数估计结果如表 4.19 所示。

表 4.19 模型中固定效应估计结果

固定效应	系数	标准误差	p 值
For ba1 slope，β_2 INTRCPT2，γ_{20}	0.077 8	0.045 0	0.238
For ba2 slope，β_3 INTRCPT2，γ_{30}	0.073 7	0.057 9	0.154

随机分析结果表示（见表 4.20），考虑了行为态度对个体发展差异的影响之外，第一水平的截距和斜率较以前均有不同程度的下降，但是差异并不显著（$p>0.10$）。截距的随机变异从之前的 0.590 2 下降到 0.581 6，下降了 1.5%，斜率的随机变异从 0.401 6 下降到 0.390 3，下降了 2.8%。因此，结果说明了行为态度解释了行为结果的部分变异，其对行为结果的预测效果或通过其他变量的间接作用实现。

表 4.20 模型中随机效应估计结果

随机效应	方差	p 值
截距，u_0	0.581 6	<0.001
time slope，u_1	0.390 3	<0.001

（三）主观控制感变量进入第一层方程

模型构建：

Level-1 Model：$y = \beta_0 + \beta_1(time) + \beta_2(pbc1) + \beta_3(pbc2) + r$

Level-2 Model：$\beta_0 = \gamma_{00} + u_0$

$\beta_1 = \gamma_{10} + u_1$

$\beta_2 = \gamma_{20} + u_2$

$\beta_3 = \gamma_{30} + u_3$

其中，受试者首次及追踪测试时的主观控制感测试变量（$pbc1, pbc2$）

作为自变量,用来预测体育锻炼行为的发展趋势。

将上述模型在 HLM7.0 中计算处理结果显示,固定部分参数估计结果表明(见表 4.21),从测试开始到结束,个体主观控制感变量对其参与体育锻炼行为有正向预测作用,并且存在显著差异($p<0.001$),其平均上升速率分别为 0.312 5、0.328 8。

表 4.21 模型中固定效应估计结果

固定效应	系数	标准误差	p 值
For pbc1 slope,β_2 INTRCPT2,γ_{20}	0.312 5	0.024 2	< 0.001
For pbc2 slope,β_3 INTRCPT2,γ_{30}	0.328 8	0.048 7	< 0.001

同时,从随机部分的参数估计结果可以看出(见表 4.22),在考虑了行为意向对个体发展差异的影响之外,第一水平的截距和斜率较以前有不同程度的下降,而且存在显著的差异($p<0.001$)。截距的随机变异从之前的 0.590 2 下降到 0.578 9,下降了 2.0%,斜率的随机变异从 0.401 6 下降到 0.378 3,下降了 5.8%,分别说明了 pbc1、pbc2 解释了行为结果的部分变异。

表 4.22 模型中随机效应估计结果

随机效应	方差	p 值
截距,u_0	0.578 9	< 0.001
time slope,u_1	0.378 3	< 0.001

（四）主体规范变量进入第一层方程

模型构建:

Level-1 Model:$y = \beta_0 + \beta_1(time) + \beta_2(sn1) + \beta_3(sn2) + r$

Level-2 Model:$\beta_0 = \gamma_{00} + u_0$

$$\beta_1 = \gamma_{10} + u_1$$
$$\beta_2 = \gamma_{20} + u_2$$
$$\beta_3 = \gamma_{30} + u_3$$

其中，受试者首次及追踪测试时的主体规范测试变量（$sn1, sn2$）作为自变量，用来预测体育锻炼行为的发展趋势。

将上述模型在 HLM7.0 中计算处理结果显示，从固定部分参数估计结果可以看出（见表 4.23），从测试开始到结束，个体行为态度变量 $ztgf1$ 和 $ztgf2$ 对其参与体育锻炼行为有正向预测作用，但差异并不显著。同时，随机部分的参数估计结果显示（见表 4.24），在考虑了主观控制感对个体发展差异的影响之外，第一水平的截距和斜率较以前均有不同程度的下降，而且差异显著（$p<0.001$）。截距的随机变异下降了 0.7%（从 0.590 2 下降到 0.585 9），斜率的随机变异从 0.401 6 下降到 0.397 1，下降了 1.1%。

表 4.23 模型中固定效应估计结果

固定效应	系数	标准误差	p 值
For sn1 slope，β_2 INTRCPT2，γ_{20}	0.112 8	0.084 3	0.183
For sn2 slope，β_3 INTRCPT2，γ_{30}	0.077 7	0.039 0	0.236

表 4.24 模型中随机效应估计结果

随机效应	方差	p 值
截距，u_0	0.585 9	<0.001
time slope，u_1	0.397 1	<0.001

因此，结果说明了主观控制感解释了行为结果的部分变异，其对行为结果的预测效果或通过其他变量的间接作用实现。

（五）行为益处变量进入第一层方程

模型构建：

Level-1 Model：
$$y = \beta_0 + \beta_1(time) + \beta_2(pe1) + \beta_3(pe2) + \beta_4(pe3) + \beta_5(pe4) + \beta_6(pe5) + r$$
Level-2 Model：
$$\beta_0 = \gamma_{00} + u_0$$
$$\beta_1 = \gamma_{10} + u_1$$
$$\beta_2 = \gamma_{20} + u_2$$
$$\beta_3 = \gamma_{30} + u_3$$
$$\beta_4 = \gamma_{40} + u_4$$
$$\beta_5 = \gamma_{50} + u_5$$
$$\beta_6 = \gamma_{60} + u_6$$

其中，受试者首次及追踪测试时的行为益处认知测试变量（$pe1, pe2, pe3, pe4, pe5$）作为自变量，用来预测体育锻炼行为的发展趋势。

将上述模型在 HLM7.0 中计算处理结果显示，固定部分参数估计结果表明（见表4.25），从测试开始到结束，个体行为益处认知变量对其参与体育锻炼行为有正向预测作用，并且存在显著差异（$p<0.001$）。

表 4.25　模型中固定效应估计结果

固定效应	系数	标准误差	p 值
For pe1 slope, β_2 INTRCPT2, γ_{20}	0.270 9	0.041 8	< 0.001
For pe2 slope, β_3 INTRCPT2, γ_{30}	0.298 8	0.040 3	< 0.001
For pe3 slope, β_4 INTRCPT2, γ_{40}	0.400 6	0.034 3	< 0.001
For pe4 slope, β_5 INTRCPT2, γ_{50}	0.312 4	0.039 1	< 0.001
For pe5 slope, β_6 INTRCPT2, γ_{60}	0.302 8	0.032 6	< 0.001

同时，从随机部分的参数估计结果可以看出（见表 4.26），考虑了行为益处认知对个体发展差异的影响之外，第一水平的截距和斜率较以前有不同程度的下降，而且差异显著（$p < 0.001$）。截距的随机变异下降了 3.5%（从 0.590 2 下降到 0.569 7），斜率的随机变异从 0.401 6 下降到 0.371 2，下降了 7.6%，说明行为益处认知变量解释了行为结果的部分变异。

表 4.26 模型中随机效应估计结果

随机效应	方差	p 值
截距，u_0	0.569 7	< 0.001
time slope，u_1	0.371 2	< 0.001

（六）行为障碍变量进入第一层方程

模型构建：

Level-1 Model：

$$y = \beta_0 + \beta_1(time) + \beta_2(pa1) + \beta_3(pa2) + \beta_4(pa3) + \beta_5(pa4) + r$$

Level-2 Model：$\beta_0 = \gamma_{00} + u_0$

$\beta_1 = \gamma_{10} + u_1$

$\beta_2 = \gamma_{20} + u_2$

$\beta_3 = \gamma_{30} + u_3$

$\beta_4 = \gamma_{40} + u_4$

$\beta_5 = \gamma_{50} + u_5$

其中，受试者首次及追踪测试时的行为障碍认知测试变量（$pa1, pa2, pa3, pa4$）作为自变量，用来预测体育锻炼行为的发展趋势。

将上述模型在 HLM7.0 中计算处理结果显示，固定部分参数估计结果表明（见表 4.27），从测试开始到结束，个体行为益处认知变量对其参与体育锻炼行为有负向的预测作用，并且存在显著差异（$p<0.001$）。

表 4.27 模型中固定效应估计结果

固定效应	系数	标准误差	p 值
For pa1 slope, β_2 INTRCPT2, γ_{20}	-0.326 0	0.044 8	< 0.001
For pa2 slope, β_3 INTRCPT2, γ_{30}	-0.336 8	0.051 1	< 0.001
For pa3 slope, β_4 INTRCPT2, γ_{40}	-0.382 4	0.038 2	< 0.001
For pa4 slope, β_5 INTRCPT2, γ_{50}	-0.283 3	0.027 1	< 0.001

随机部分的参数估计结果表明,在考虑了行为障碍认知对个体发展差异的影响之外,第一水平的截距和斜率仍旧存在显著的差异($p<0.001$),但较以前有不同程度的下降。截距的随机变异下降了 1.9%(从 0.590 2 下降到 0.579 2),斜率的随机变异下降了 5.3%(从 0.401 6 下降到 0.380 5),说明行为障碍认知变量解释了行为结果的部分变异,如表 4.28 所示。

表 4.28 模型中随机效应估计结果

随机效应	方差	p 值
截距,u_0	0.579 2	< 0.001
time slope,u_1	0.380 5	< 0.001

(七)易感性认知变量进入第一层方程

模型构建:

Level-1 Model: $y = \beta_0 + \beta_1(time) + \beta_2(psu1) + \beta_3(psu2) + r$

Level-2 Model: $\beta_0 = \gamma_{00} + u_0$

$\beta_1 = \gamma_{10} + u_1$

$\beta_2 = \gamma_{20} + u_2$

$\beta_3 = \gamma_{30} + u_3$

其中,受试者首次及追踪测试时的易感性认知测试变量($psu1, psu2$)

作为自变量，用来预测体育锻炼行为的发展趋势。

将上述模型在 HLM7.0 中计算处理结果显示，固定部分参数估计结果表明（见表 4.29），从测试开始到结束，个体行为易感性认知变量对其参与体育锻炼行为有正向预测作用，但差异并不显著。同时，随机部分的参数估计结果显示（见表 4.30），除了行为易感性认知对个体发展差异的影响作用之外，第一水平的截距和斜率仍旧存在显著的差异（$p<0.001$），分别下降了 1.4%和 4.7%。

表 4.29 模型中固定效应估计结果

固定效应	系数	标准误差	p 值
For psu1 slope，β_2 INTRCPT2，γ_{20}	0.060 1	0.045 7	0.311
For psu2 slope，β_3 INTRCPT2，γ_{30}	0.062 3	0.044 5	0.243

表 4.30 模型中随机效应估计结果

随机效应	方差	p 值
截距，u_0	0.582 0	<0.001
time slope，u_1	0.382 7	<0.001

因此，结果说明了行为易感性认知解释了行为结果的部分变异，其对行为结果的预测效果或通过其他变量的间接作用实现。

（八）严重性认知变量进入第一层方程

模型构建：

Level-1 Model：$y = \beta_0 + \beta_1(time) + \beta_2(pse1) + \beta_3(pse2) + r$

Level-2 Model：$\beta_0 = \gamma_{00} + u_0$

$\beta_1 = \gamma_{10} + u_1$

$\beta_2 = \gamma_{20} + u_2$

$\beta_3 = \gamma_{30} + u_3$

其中，受试者首次及追踪测试时的严重性认知测试变量（$pse1, pse2$）作为自变量，用来预测体育锻炼行为的发展趋势。

将上述模型在 HLM7.0 中计算处理结果显示，固定部分参数估计结果表明（见表 4.31），从测试开始到结束，个体行为严重性认知变量对其参与体育锻炼行为有正向预测作用，但差异并不显著。同时，随机部分的参数估计结果显示（见表 4.32），除了行为严重性认知对个体发展差异的影响作用之外，第一水平的截距和斜率仍旧存在显著的差异（$p<0.001$），分别下降了 1.2% 和 3.6%。

表 4.31　模型中固定效应估计结果

固定效应	系数	标准误差	p 值
For pse1 slope，β_2 INTRCPT2，γ_{20}	0.092 1	0.055 9	0.102
For pse2 slope，β_3 INTRCPT2，γ_{30}	0.031 0	0.046 75	0.458

表 4.32　模型中随机效应估计结果

随机效应	方差	p 值
截距，u_0	0.583 2	<0.001
time slope，u_1	0.387 1	<0.001

因此，结果说明了行为严重性认知解释了行为结果的部分变异，其对行为结果的预测效果或通过其他变量的间接作用实现。

（九）行为线索变量进入第一层方程

模型构建：

Level-1 Model：$y = \beta_0 + \beta_1(time) + \beta_{i+1}(bci) + r$ （$i = 1, 2, ..., 7$）

Level-2 Model：$\beta_0 = \gamma_{00} + u_0$

$\beta_1 = \gamma_{10} + u_1$

$\beta_2 = \gamma_{20} + u_2$

$$\beta_3 = \gamma_{30} + u_3$$
$$\beta_4 = \gamma_{40} + u_4$$
$$\beta_5 = \gamma_{50} + u_5$$
$$\beta_6 = \gamma_{60} + u_6$$
$$\beta_7 = \gamma_{70} + u_7$$
$$\beta_8 = \gamma_{80} + u_8$$

其中，受试者首次及追踪测试时的行为线索测试变量（$bc1, bc2, bc3, bc4, bc5, bc6, bc7$）作为自变量，用来预测体育锻炼行为的发展趋势。

将上述模型在 HLM7.0 中计算处理结果显示，固定部分参数估计结果表明（见表 4.33），从测试开始到结束，个体行为线索变量对其参与体育锻炼行为有正向预测作用，且差异显著（$p<0.001$）。

表 4.33 模型中固定效应估计结果

固定效应	系数	标准误差	p 值
For bc1 slope，β_2 INTRCPT2，γ_{20}	0.299 0	0.026 2	<0.001
For ba2 slope，β_3 INTRCPT2，γ_{30}	0.310 2	0.045 2	<0.001
For bc3 slope，β_4 INTRCPT2，γ_{40}	0.284 4	0.031 4	<0.001
For bc4 slope，β_5 INTRCPT2，β_5	0.311 0	0.045 3	<0.001
For bc5 slope，β_6 INTRCPT2，γ_{60}	0.285 2	0.047 0	<0.001
For bc6 slope，β_7 INTRCPT2，γ_{70}	0.309 8	0.051 3	<0.001
For bc7 slope，β_8 INTRCPT2，β_{80}	0.277 6	0.056 6	<0.001

同时，随机部分的参数估计结果显示（见表4.34），除了行为线索变量对个体发展差异的影响部分之外，第一水平的截距和斜率存在显著的差异（$p<0.001$），分别下降了1.9%、6.2%。结果说明行为线索解释了行为结果的部分变异。

表4.34 模型中随机效应估计结果

随机效应	方差	p 值
截距，u_0	0.579 1	< 0.001
time slope，u_1	0.376 9	< 0.001

六、检验结果

目前，虽然行为计划理论（TPB）在解释锻炼行为过程中被认为是比较有效的社会认知理论，而健康信念模式（HBM）也在行为研究领域进行了充分的检验和运用。但是基于两个理论缺陷弥补角度构建的整合理论在锻炼行为研究问题上还未发现深入的研究，尤其是纵向的实证研究。

通过分层线性模型分析，确定了各因素对行为结果变异的解释程度。通过分层线性模型分析，固定部分参数估计结果表明，从测试开始到结束，个体行为意向、态度、主观控制感、主体规范、行为益处、易感性认知、严重性认知、行为线索变量对其参与体育锻炼行为有正向预测作用，而行为障碍对行为结果有负向预测作用。其中，行为意向、主观控制感、行为益处、行为障碍和行为线索存在显著差异（$p < 0.001$），其余变量预测作用不显著，其对行为结果的预测效果或通过其他变量的间接作用实现。同时，随机部分的参数估计结果表明，在分别考虑了行为意向、行为态度、主观控制感、主体规范、行为益处认知、行为障碍认知、易感性认知量、严重性认知、行为线索对个体发展差异的影响之外，第一水平的截距和斜率仍旧存在显著的差异（$p < 0.001$），但较以前有不同程度的下降。

（一）行为意向——行为结果模型分析

行为意向——行为结果模型结果显示，随着追踪研究时间变化的行为意向预测变量进入第一层方程后，对预测行为结果的发展趋势有显著意义，对行为结果有正向预测作用，说明行为意向的产生能促进行为结果的发生，这与计划行为理论的基本假设相符。但是，一些理论研究表明，行为意向与行为结果之间的一致性并没有计划行为理论阐释得强，如Gollwitzer（1999）研究发现，行为所处的阶段不同，行为意向与行为结果之间的解释关系也存在不同[1]。也有研究者指出，行为意向与行为结果之间或存在其他的中介变量，如Rhodes（2006）建议，以计划行为理论为基础，针对锻炼行为理论变量进行整合，解决理论建构的完善程度[2]。因此，研究中将行为意向作为行为结果的预测因素之一，并在阶段性行为分析的基础上，对扩展的计划行为模型进行理论构建和实证检验。

（二）行为态度——行为结果模型分析

行为态度——行为结果模型结果显示，随着时间变化的行为态度作为预测变量进入第一层方程后，对行为结果有正向预测作用，但对预测行为结果的发展趋势意义不显著。从模型整体来看，它解释了行为结果的部分变异。这与计划行为理论中的假设一致，即行为态度不是行为结果的直接影响因素，其对行为结果的影响通过其他因素间接产生。一些研究学者认为（Bagozzi R. P. & Ue H. M.，2011），在计划行为理论中，只强调态度的工具性成分（重要-不重要），而忽略了其情感成分（喜欢-不喜欢、愉快-痛苦），因此在测试受试者体育锻炼态度中使用的量表问题包括了这两个方面，分别为：对我来说，在接下来的6个月里进行"有规律的体育锻炼"的经历是愉快-不愉快、重要-不重要的。研究同时发现，在描述态度变量的各个分量之间，对行为结果解释程度的不同，表现在影响系数的差异上，其中，态度的工具性成分（重要-不重要）系数较大，这一结果与部分研究者结论不一致，如Chan D. K.，Fishbein M.（1993）在其对大学女性群体所做的一项行为学研究中表示，情感性态度成分比

---

[1] GOLLWITZER P M. Implementation intentions: Strong effects of simple plans[J]. American Psychologist, 1999, 54（7）: 493-503.
[2] RHODES R E, BLANCHARD C M, MATHESON D H. A multi-component model of the theory of planned behaviour[J]. British Journal of Health Psychology. 2006, 11: 119-137.

工具性态度成分对行为结果的关系更强。鉴于锻炼行为的特殊性，锻炼行为属于预防性创新行为，对大多数个体，相对其身体享受来说，体育锻炼多数与身体机能改善和体质提升关联性更强，因此体育锻炼行为态度的工具性成分显得更为重要。

（三）主观控制感——行为结果模型分析

主观控制感——行为结果模型结果显示，随着追踪研究时间变化的主观控制感作为预测变量进入第一层方程后，对预测行为结果的发展趋势有显著意义，对行为结果有正向预测作用。主观控制感是计划行为理论在理性行为理论基础上新增加的变量，增加主观控制感变量的目的是为解释非意志完全控制的行为。很多学者在验证计划行为理论的研究中，对此变量进行了检验，如方敏（2011）在研究中证实，有高主观控制感的青年学生更可能实现其行动计划，并积极影响锻炼行为[①]。而学者们对主观控制感与行为结果的关系，更多的建议是提高主观控制感的测量方法与技巧，使概念表达清晰、少歧义。在测试受试者此变量的问题上采用的问法是在原量表的基础上进行本土化检验并修正之后确定下的。

（四）主体规范——行为结果模型分析

主体规范——行为结果模型结果显示，随着追踪研究时间变化的主体规范预测变量进入第一层方程后，对行为结果有正向预测作用，但对预测行为结果的发展趋势意义不显著。根据计划行为理论，主体规范是影响行为结果的主要因素之一，这点从模型结果上得到验证，该变量也解释了行为结果的部分变异。这一结果说明，对于个体体育锻炼此种行为，能得到对自己重要或重视的人（如家人、朋友等）支持的个体会增加锻炼行为发生的可能性，或者说会使其不锻炼的意愿下降。而这个特点也凸显出锻炼行为与其他行为的不同。不同的行为在使用计划行为理论进行阐释过程中的结果是不一样的，如在网购行为中（张辉、白长虹，2011），

---

① 方敏. 青少年锻炼行为阶段变化与变化过程的关系[J]. 西安体育学院学报, 2011, 28(3): 349-355.

主体规范对行为意向的影响并不显著[①]。

（五）行为益处认知——行为结果模型分析

行为益处认知——行为结果模型结果显示，随着追踪研究时间变化的行为益处认知预测变量进入第一层方程后，对预测行为结果的发展趋势有显著意义，对行为结果有正向预测作用，说明个体对行为益处的认知能促进行为结果的发生。EI Ansari & Phillips（2004）在相关的研究中得出结论："如果个体认为参加体育锻炼的好处明显多于参加活动的障碍时，他们选择参与体育锻炼的行为会明显增强，感知障碍与感知利益的比率对于锻炼行为更有预测性[②]。"对影响成年女性参加体育锻炼的因素的分析表明，认为从体育锻炼中获得更多的利益、较少的障碍的女性要比从体育锻炼中获得更多的障碍、更少的利益的女性更积极（Vaughn S., 2009）[③]。对我国部分地区城镇居民的实证研究同样证明了这一结论。同时，研究也发现，行为益处分量的不同成分对于行为结果的影响程度是不同的，其中，有关预防保健和生命促进维度相对关系更强，这些是个体对于伴随体育锻炼行为结果的直观评价和感受，而有关身体机能、社会交往、心理观念等方面的维度相对次之。

（六）行为障碍认知——行为结果模型分析

行为障碍认知——行为结果模型结果显示，随着追踪研究时间变化的行为障碍认知预测变量进入第一层方程后，对预测行为结果的发展趋势有显著意义，而对行为结果有负向预测作用，说明个体感知到的行为障碍对行为结果的发生有抑制作用。Slenker（1984）等在对慢跑者与不锻炼者的比较研究中发现，影响慢跑者最强有力的因素是障碍变量（包括时间、其他任务和天气）。Nahas M. V., Goldfine B.（2003）在其研究中

[①] 张辉，白长虹，李储凤. 消费者网络购物意向分析——理性行为与计划行为理论的比较[J]. 软科学，2011, 25 (9): 130-135.

[②] EL A W, PHILLIPS C J. The Costs and benefits of participants in community partnerships: A paradox?[J].Health Promot. Pract. 2004, 5: 35-48.

[③] VAUGHN S. Factors influencing the participation of middle-aged and older Latin-American women in physical activity: stroke-prevention behavior [J]. Rehabil. Nurs, 2009, 34 (1): 17-23.

指出，对于个体不参加体育锻炼行为的影响因素来说，运动障碍的作用比运动益处的作用更强烈[1]，而这一点在其他研究中也得以证实（郭新艳，2011），因此，研究个体的行为障碍认知，探讨行为障碍认知——行为结果之间的关系也是解决"知而不动"问题的关键因素之一[2]。从行为障碍认知分量和影响参数上看，参加体育锻炼最大的影响障碍分别是锻炼环境、体力消耗和时间，障碍认知使得人们不爱运动、坐多动少的生活方式得到了加强，居民整体体质状况有所下降（《第二次国民体质监测报告》，2011）[3]。

（七）易感性认知——行为结果模型分析

易感性认知——行为结果模型结果显示，随着追踪研究时间变化的易感性认知预测变量进入第一层方程后，对预测行为结果的发展趋势意义不显著。在健康信念模型中，易感性认知变量被认为对健康行为有更为重要的影响，是模型中最有意义的预测器和较有力的维度之一。Tirrell&Hart（1980）调查了经历手术的病人对持续锻炼行为（主要是步行）计划的坚持性，结果也发现，个体的锻炼行为坚持性与较少的锻炼行为障碍、健康行为知识与锻炼带来的益处认知有相关性，而在易感性认知与严重性认知方面与行为坚持性没有直接相关关系，其影响或通过其他因素间接表现。研究结果也显示，易感性认知对行为结果有正向预测作用。因此，在后面部分研究中，将易感性认知与行为态度以及行为益处认知关联起来考虑，分析其因素之间的关系。

（八）严重性认知——行为结果模型分析

严重性认知——行为结果模型结果显示，随着追踪研究时间变化的严重性认知预测变量进入第一层方程后，对行为结果有正向预测作用，但

---

[1] NAHAS M V, GOLDFINE B. Determinants of physical activity in adolescents and young adults: The basis for high school and college physical education to promote active lifestyles[J]. Phys Educator, 2003, 60: 42-57.
[2] 郭新艳,徐玖平. 不同锻炼阶段与锻炼益处及障碍认知的相关性研究[J]. 西安体育学院学报, 2011, 28（6）: 715-720.
[3] 国家体育总局. 第三次国民体质监测报告[R]. 2011.

对预测行为结果的发展趋势意义不显著。与易感性认知一样，严重性认知也属于个体对未来状态的一种预期，与行为益处或行为障碍认知相比，其没有直接的感受与体会，因此在行为干预过程中，多用来作为引导因素来影响个体的行为转变。模型结果同时显示，严重性认知的不同分量对行为结果有不同程度的影响，身体状况的担忧比生活方式以及人际关系的影响更为突出。

（九）行为线索——行为结果模型分析

行为线索——行为结果模型结果表明，随着追踪研究时间变化的行为线索预测变量进入第一层方程后，对预测行为结果的发展趋势有显著意义，对行为结果有正向预测作用，说明行为线索因素能促进行为结果的发生。健康信念模型认为个体只有在以下情况下才会采取预防性健康行为（锻炼行为就属于此类行为）：第一，个体具有基本的健康动机与健康知识；第二，个体认为自己容易患病；第三，个体认为疾病对其健康具有威胁性；第四，个体相信健康行为的效果；第五，个体认为可以没有障碍地采取这种行为。但同时，以上因素的作用可能由于一些因素而发生改变，例如，媒体宣传、医生建议、朋友或亲属的疾病经验等暗示性因素等对行为的结果也起到一定的作用，这些因素被称为行为线索。在问卷设计环节，将这些暗示性因素分别放进影响因素中进行考虑，经检验论证，最终包括7个方面的因素。结果显示，行为线索对行为结果具有正向影响，效应显著。这一结果，对于本书后续的干预分析提供了干预因素的借鉴。

第四节 行为结构及检验

一、模型检验

根据前面的分析，将单向变量的影响关系以及中介变量的影响作用按照概念模型进行组合，可以得出图4.1所示的城镇居民体育锻炼行为的初始模型。

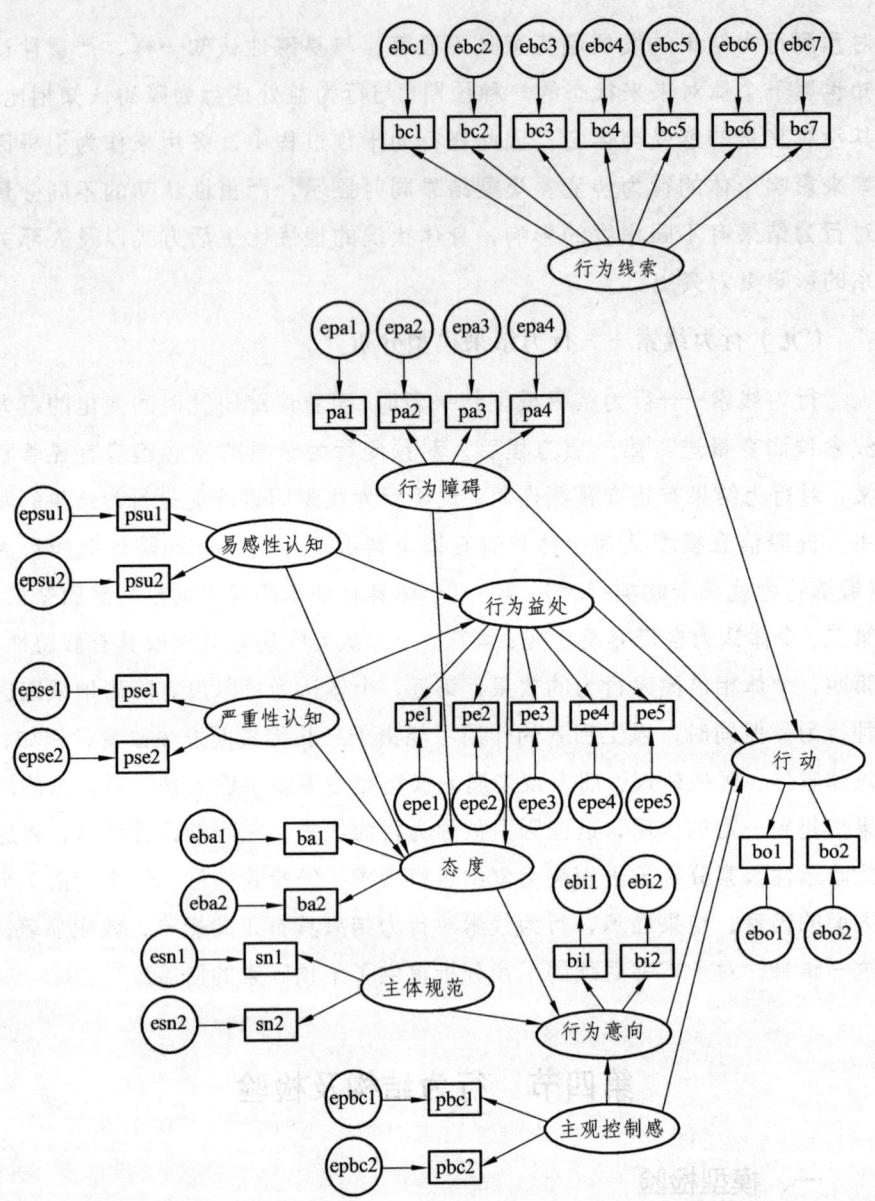

注：图中 e 为观测变量的残差。

图 4.1　城镇居民体育锻炼行为整合理论初始假设模型

对初始模型进行数据分析后，得到模型的结构图及标准回归系数的估计，如图 4.2 所示。

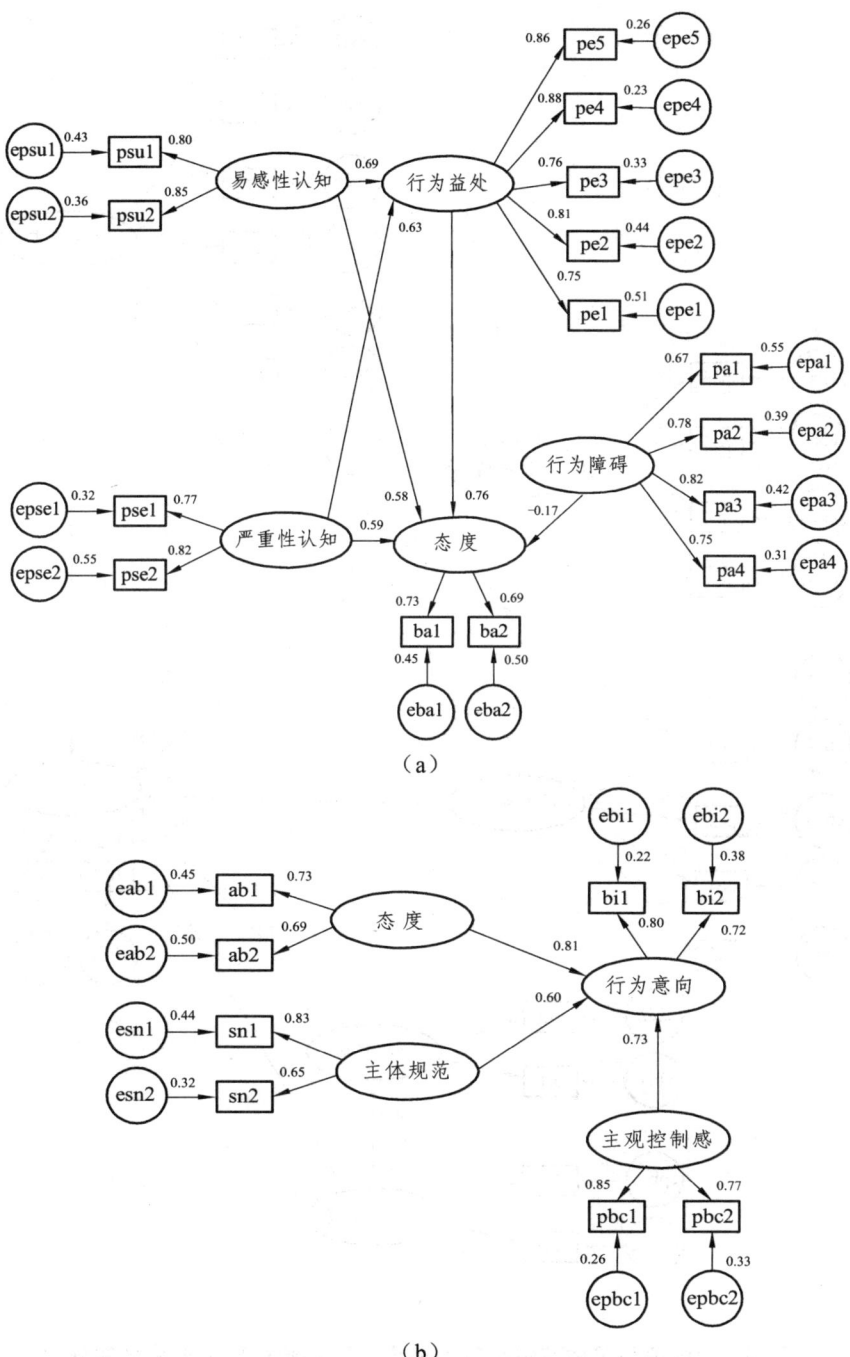

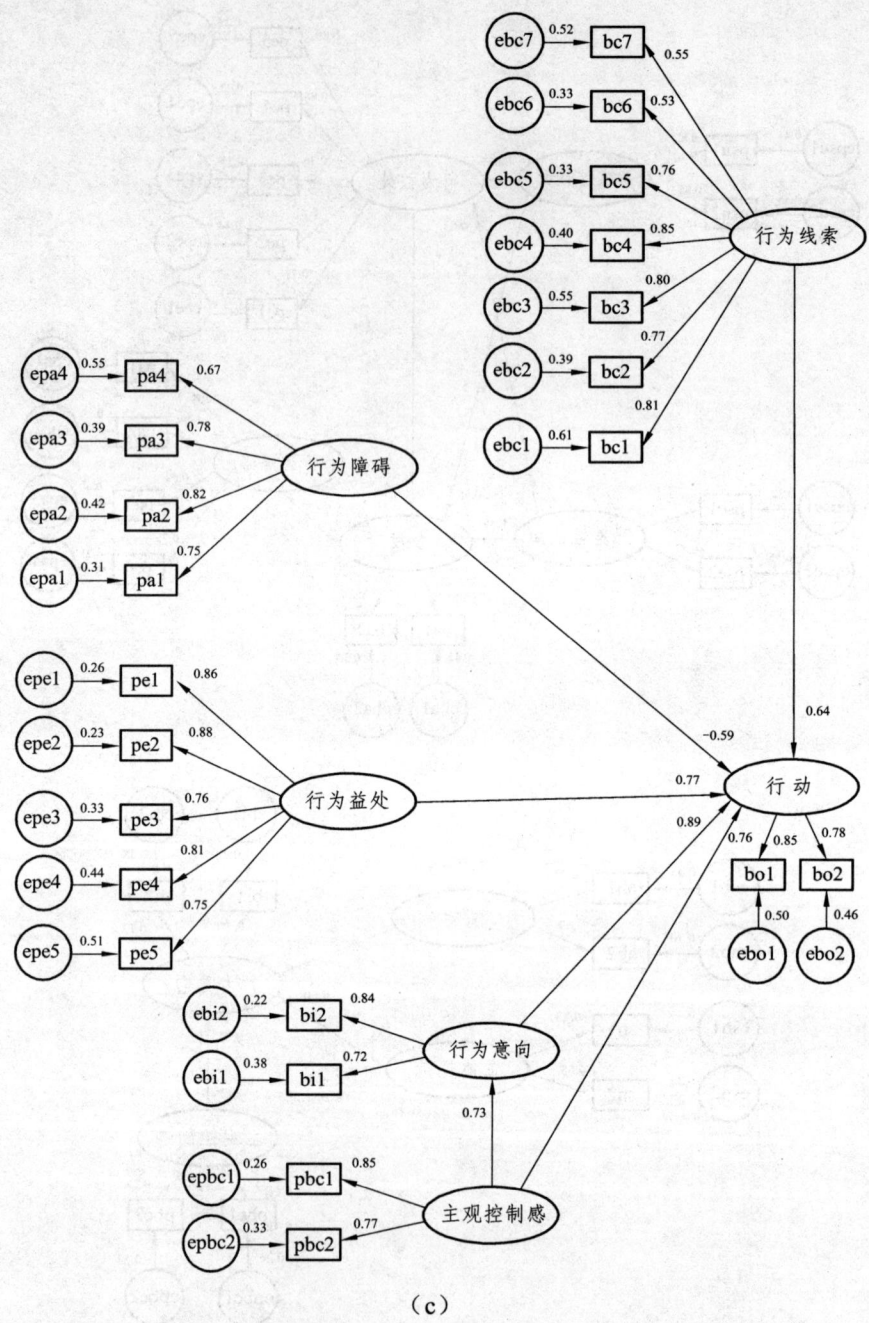

（c）

图 4.2　城镇居民体育锻炼行为整合理论初始模型输出结果部分

模型拟合效果具体数据如表 4.35 所示，结果表明，行为障碍（pa）对态度（ba）的标准回归系数为-0.09，但是检验值没有达标（p 值大于 0.05）。因此，在进行模型修正时，首先考虑将该路径删除。

表 4.35 体育锻炼行为初试整合模型主要路径系数估计结果（基线数据）

主要路径	标准化路径系数估计	p	检验结果
行为益处←易感性认知	0.69	***	通过
行为益处←严重性认知	0.58	***	通过
行为态度←易感性认知	0.63	***	通过
行为态度←严重性认知	0.59	***	通过
行为态度←行为益处	0.76	***	通过
行为态度←行为障碍	-0.09	$p>0.05$	不通过
行为意向←行为态度	0.81	***	通过
行为意向←主体规范	0.60	***	通过
行为意向←主观控制感	0.73	***	通过
行动←行为线索	0.64	***	通过
行动←行为障碍	-0.59	***	通过
行动←行为益处	0.77	***	通过
行动←行为意向	0.89	***	通过
行动←主观控制感	0.76	***	通过

注：***表示 $p=0.000$。

模型的各项拟合指标如表 4.36 所示，结果表示初始模型的拟合程度指标没有全部达到参照标准，模型拟合效果一般，因此需要进一步验证和修正。

表 4.36 初始模型拟合度分析

拟合指标	χ^2/df	GFI	RMSEA	SRMR	CFI	NNFI
指标值	3.256	0.765	0.098	0.05	0.894	0.910

二、模型修正

在用 AMOS7.0 软件进行全模型检验的过程中,可以根据修正指数(Modification Indice,MI)的输出值对初始值进行修正和优化。

1. 修正原则

侯杰泰(2004)指出,"根据修正系数修正模型时,要考虑该参数自由估计是否有理论依据,在删除路径时,应根据初始模型中的检验值是否符合标准进行路径删减,而在增加路径时,应根据初始模型输出的修正指数最大值原则,同时,新增路径一定要具有实际的解释意义。其中,新增相关关系路径(双箭头)只能在同一层次指标或因子进行,新增的因果关系路径(单箭头)只能在相邻层级的因子与因子或指标与因子间进行。而且,在修正模型时,原则上每次只能修改一个参数"。

根据结构模型修正的基本原则,对初始模型进行逐步修正,修正的相关依据如表 4.37 所示。

表 4.37 城镇居民体育锻炼行为整合理论初始模型的路径修正

修正类型	路径类型	修正路径	修正说明
删除	因果	行为障碍(pa)→行为态度(ba)	系数作用不显著
增加	因果	行为态度(ba)→主观控制感(pbc)	MI=92.3
	因果	行为益处(pe)→行为障碍(pa)	MI=35.4

2. 模型修正

初始模型分析结果显示,行为障碍对行为态度的负向影响没有通过检验,在调研测试中发现,居民对于锻炼行为益处认知越强,加之易感性认知和严重性认知的影响,锻炼态度相对更为强烈,从而对锻炼困难的克服更为主动。同时,按照上述修正原则与具体的修正办法,研究将锻炼益处认知对锻炼障碍认知以及行为态度对主观控制感的影响,考虑进入模型,进一步利用追踪数据进行分析,对初始模型进行逐步修正后,得到修正后的最终模型,如图 4.3 所示。

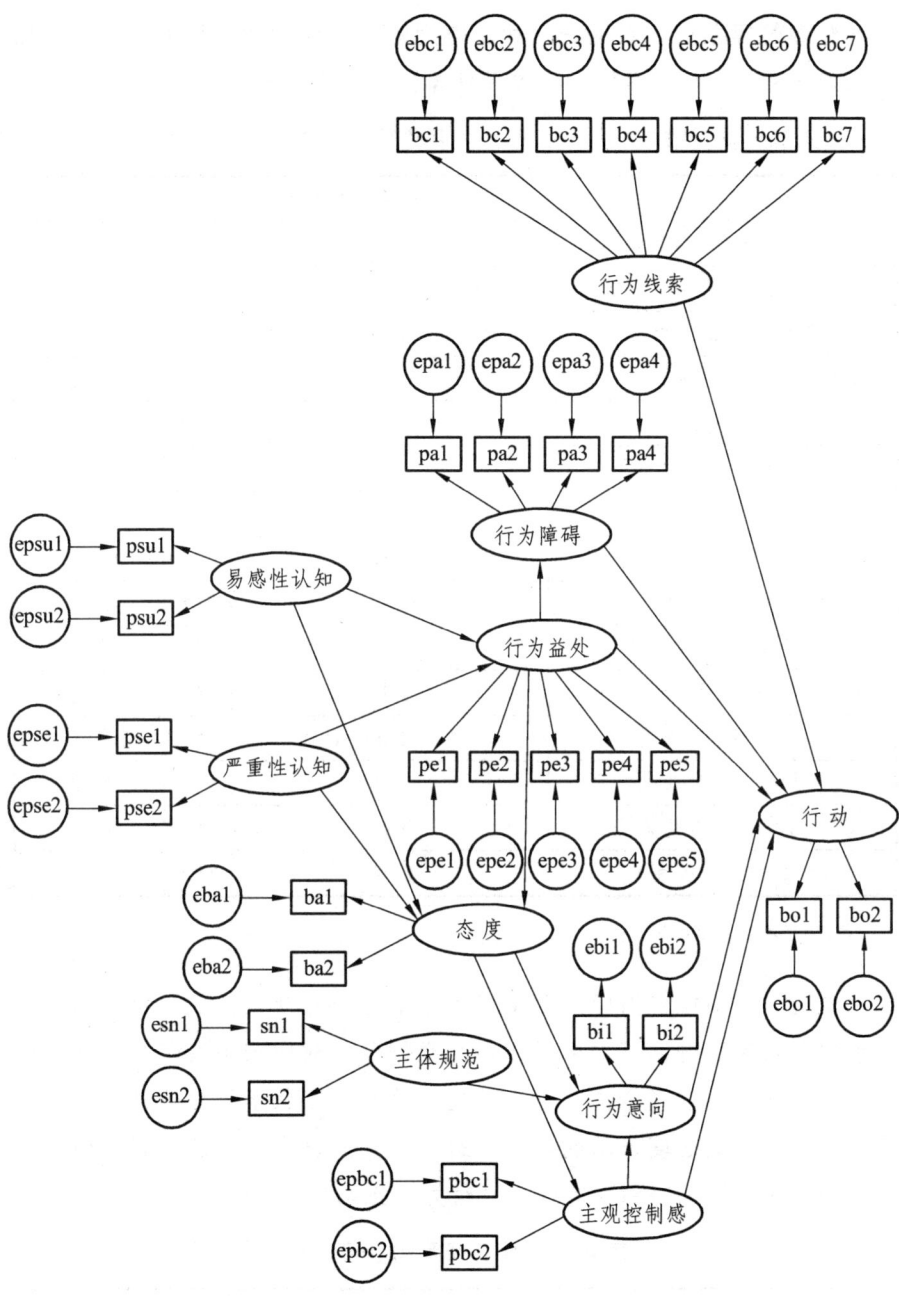

注：e 为观测变量的残差。

图 4.3 城镇居民体育锻炼行为整合理论修正模型

对初始模型进行数据分析后，得到的模型结构图及标准回归系数估计值如图 4.4 所示。模型拟合效果具体数据如表 4.38 所示。

表 4.38 体育锻炼行为修正模型主要路径系数估计结果（追踪数据）

主要路径	标准化路径系数估计	p	检验结果
行为益处←易感性认知	0.70	***	通过
行为益处←严重性认知	0.63	***	通过
行为态度←易感性认知	0.70	***	通过
行为态度←严重性认知	0.54	***	通过
行为态度←行为益处	0.75	***	通过
行为障碍←行为益处	-0.47	***	通过
行为意向←行为态度	0.80	***	通过
主观控制感←行为态度	0.56	***	通过
行为意向←主体规范	0.60	***	通过
行为意向←主观控制感	0.79	***	通过
行动←行为线索	0.72	***	通过
行动←行为障碍	-0.58	***	通过
行动←行为益处	0.76	***	通过
行动←行为意向	0.91	***	通过
行动←主观控制感	0.74	***	通过

注：***表示 $p=0.000$。

模型的各项拟合指标如表 4.39 所示，各项指标均达到可接受水平，显示拟合效果良好。基线数据和追踪数据前后对比结果表明，干预的作用主要体现在增加了个体对行为益处的认知，降低了行为障碍，增强了参加体育锻炼的态度，从而促进了行为。同时，个体易感性认知和严重性认知方面的知识得到了加强，对行为的推动作用有所增大。

表 4.39 修正模型拟合度分析

拟合指标	χ^2/df	GFI	RMSEA	SRMR	CFI	NNFI
指标值	2.173	0.934	0.062	0.036	0.941	0.920

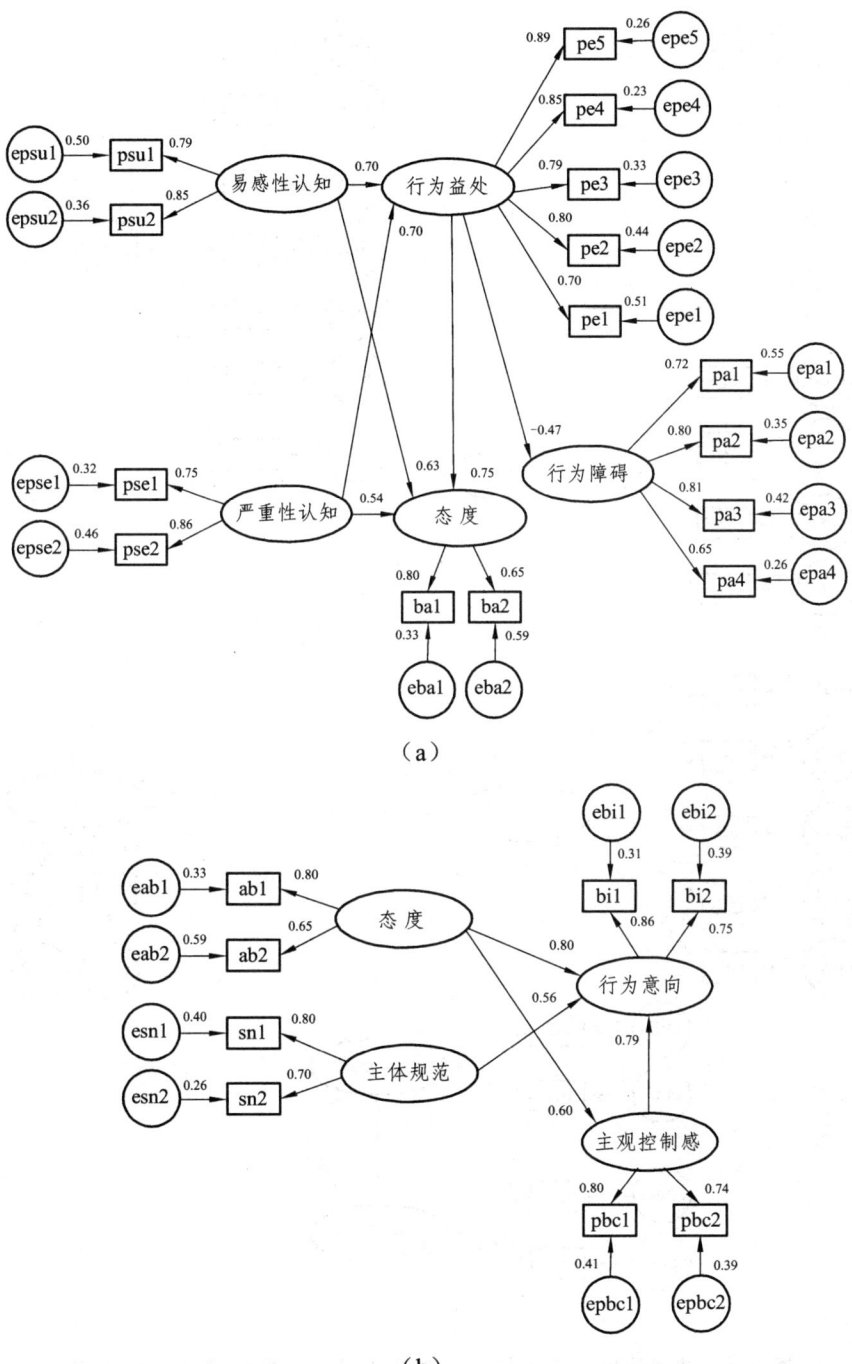

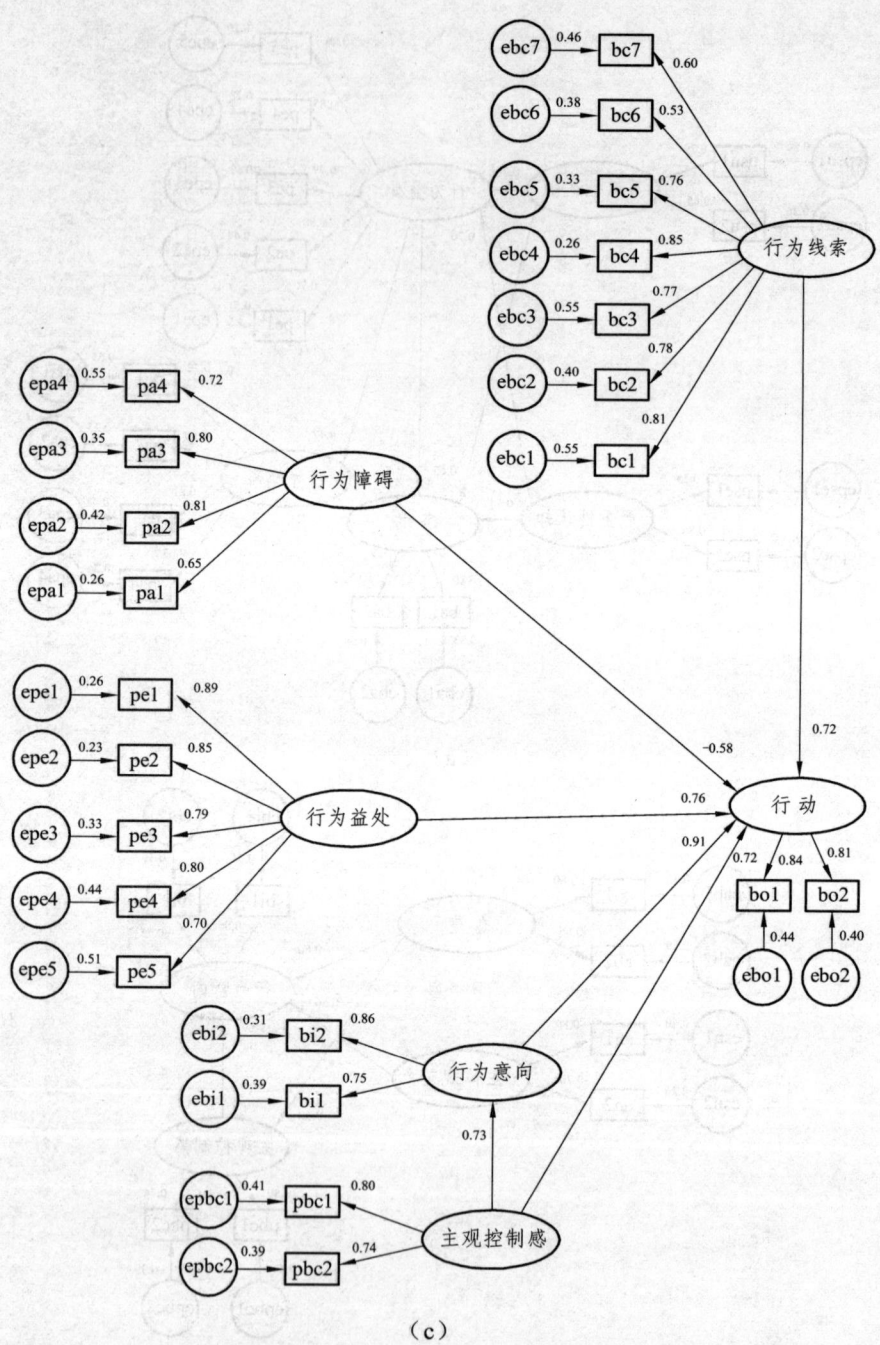

(c)

图 4.4 城镇居民体育锻炼行为整合理论修正模型输出结果部分

三、检验结果

调查研究中发现，在基线调查中，绝大多数的城镇居民都知晓体育锻炼带来的身心益处，但是他们却未必参与健身锻炼，即这种行为益处认知对行为意向以及行为的促进作用还有待加强[1][2][3]。居民对于克服其在参加体育锻炼活动的困难和障碍也存在较多的担心，如体育锻炼方式和强度、体育锻炼环境、时间花费等。另外，居民虽然对体育健身的益处认知持积极的态度，但对自身体质状况以及相关的权威研究论证了解有限，对于不参加健身活动和积极参加健身活动的对比效应还没有清晰的主观感受。而干预组在这些方面均有所改进。

研究构建的模型中涉及 9 个行为过程变量，结果显示，行为意向、态度、主观控制感、主体规范、行为益处、易感性认知、严重性认知、行为线索变量对其参与体育锻炼行为有正向预测作用，而行为障碍对行为结果有负向预测作用。其中，行为意向对行为结果有显著的正向作用，说明行为意向的产生能促进行为结果的发生，这与计划行为理论的基本假设相符；行为态度对行为结果有正向作用，但对预测行为结果的发展趋势意义不显著。从模型整体来看，行为态度不是行为结果的直接影响因素，其对行为结果的影响通过其他因素间接产生；主观控制感对行为结果有正向作用且存在显著意义，主观控制感是计划行为理论在理性行为理论基础上新增加的变量，增加主观控制感变量的目的是解释非意志完全控制的行为；主体规范对行为结果有正向作用，但统计意义不显著。根据计划行为理论，主体规范是影响行为结果的主要因素之一，这点从模型结果上可以得到验证，该变量也解释了行为结果的部分变异。这一结果说明，不同的行为在使用计划行为理论进行阐释过程中结果是不一样的。行为益处认知对行为结果有正向作用，且存在显著意义，说明个

---

[1] 方敏，孙影，赵俊红. 青少年锻炼行为的阶段变化模式研究[J]. 中国公共卫生，2006，22（8）：902-903.

[2] 吴永慧，李广宇，李玉宝. 农民运动行为及生命质量的健康促进策略研究[J]. 武汉体育学院学报，2010，44（1）：87-100.

[3] 吴永慧，刘志红，李辉. 我国大学生的生命质量与体育锻炼因素的相关性研究[J]. 中国体育科技，2009，2（45）：88-96.

体对行为益处的认知能促进行为结果的发生;行为障碍认知对行为结果有负向作用,且存在显著意义,说明个体感知到的行为障碍对行为结果的发生有抑制作用。易感性认知和严重性认知对行为结果虽然有正向作用,但意义不显著,因为其属于个体对未来状态的一种预期,与行为益处或行为障碍认知相比,没有直接的感受与体会,因此在行为干预过程中,多用来作为引导因素来影响个体的行为转变;行为线索对行为结果有正向作用且统计意义显著,说明行为线索因素能促进行为结果的发生。

从创新扩散的角度来看,体育锻炼行为属于预防性创新,行为益处认知是帮助克服行为障碍认知和促进行为发生的重要因素,在前期相关研究中,也验证了两者的相关关系[①],因此,在锻炼行为干预过程中,应该向居民宣传和介绍缺乏体育运动带来的隐患以及体育锻炼和亚健康的关系,同时进行适当的健身指导,以消除居民对体育锻炼行为的顾虑,增强其主观控制感,促进健身行为。另外,除了通过增加对体育健身知识的了解外,还可以通过增加行为线索来增强行为认同,从而促进行为发生,如医生的建议、朋友或家人的经验等。同时,行为线索本身对行为发生也有积极的推动作用。研究提示了健康干预对于居民体育锻炼行为的重要意义。前期类似研究,如少数研究者开始尝试将两到三种理论结合起来建构一个综合性的锻炼行为理论,并开展一些初步的实证。越来越多的研究者也已经意识到在已有锻炼行为理论局限的今天,探讨多种理论结合的可能性并整合各种理论的核心成分,建构出更具综合性的理论体系,这也渐渐成为未来锻炼行为理论发展的新趋势。研究所构建的计划行为理论和健康信念模式整合模型在其他行为研究中也有一些尝试,但不同的行为之间差异较大,影响因素的作用强弱也不尽相同[②]。研究通过基线数据构建和追踪数据的验证,表明整合模型较好地解释了个体参加体育健身活动的行为和相关因素的作用,同时,综合考虑模型外生变量对内生变量的直接效应和总效应,主观控制感、行为意向是影响

---

① 熊明生,周宗奎. 锻炼行为理论的评价与展望[J]. 武汉体育学院学报,2009,43(4):52-57.
② 张辉,白长虹,李储凤. 消费者网络购物意向分析——理性行为与计划行为理论的比较[J]. 软科学,2011,25(9):130-135.

行为发生的重要因素，行为益处认知对行动的推动作用在干预组主要表现为直接作用，而在对照组主要是通过行为障碍认知表现的间接作用体现。这与行为预测模型的分析结果相一致，进一步验证了锻炼行为预测模型的可靠性和预测因素的完整性。

第五章 实测分析

第一节 测试参与者的选取

研究采用分层整群随机取样方法,选取城镇居民体育锻炼行为测试参与者,具体范围包括志愿者征集、网络招募,以及通过本地全民健身网络在健身俱乐部、公园、广场、社区的人群锻炼集中点进行随机抽样等。

基线调查时样本量为343人。研究将样本随机分为两组:干预组和对照组,其中干预组165人,对照组178人(两组受试者在锻炼行为结果和行为特征变量上差异均无统计学意义,$p > 0.05$)。

为保证干预质量,实验前对参与研究的干预者和工作人员进行统一培训,发放完整的干预辅助材料,让其熟悉此次锻炼行为干预的目的,熟知干预的程序和内容,并保证干预过程完全按照研究理论假设的框架进行。

第二节 测试工具的构成

一、测试量表

测试量表主要用来测量居民体育锻炼行为的过程和结果的程度。研究所用的城镇居民体育锻炼行为调查量表是在相关理论整合基础上的自编量表。量表测定了受试者现阶段进行的体育锻炼的结果(包括行为阶段、行为强度等)以及锻炼行为特征的相关内容(见附录Ⅱ)。其中,量表中的锻炼益处及障碍认知分量表部分是在Karen的锻炼益处及障碍量表基础上通过翻译与检验而形成的,用来在干预过程中判断受试者对锻炼益处及障碍的认知情况;锻炼阶段划分是依据Prochaska和DiClemente

(1983)提出的阶段变化理论，所用量表是在 CPRC（Cancer Prevention Research Center）研究机构编制的"改变阶段分量表"基础上通过翻译与检验而形成的。首先通过此量表对受试者进行阶段判断，并依据基础数据将其分别划分为前意向阶段、意向阶段、准备阶段、行动阶段和维持阶段。

二、干预手册

锻炼行为干预是指通过一定的手段和方法，针对干预对象，对影响其锻炼行为的某个或多个因素施加影响，促使人们产生锻炼行为或使锻炼行为产生变化或保持的过程。锻炼行为干预的服务对象是每一个居民个体，即便是尚未准备进行体育锻炼，也应该接受干预，以帮助他们今后考虑进行此项行为。为了实现这一目的，研究编制了城镇居民体育锻炼行为干预手册。

根据研究理论分析结果，在锻炼行为改变过程中，居民个体经历了以下5个不同的阶段："尚未准备进行体育锻炼期（前意向行为阶段）、锻炼行为思考期（意向行为阶段）、锻炼行为准备期（行为准备阶段）、锻炼行动期（行动阶段）、锻炼行为维持期（维持阶段）"。部分个体在锻炼行为维持一段时间后会重新再次终止体育锻炼行为，即进入反复期，从而有可能再次经历思考、准备、行动及维持的行为循环，具体如图5.1所示。

研究所用的锻炼行为干预手册是基于居民锻炼行为的特征和改变阶段进行基本设计的，采用介绍、讲解和建议等循序渐进的叙述方式。具体内容包括以下几个方面。

第一部分：健康、亚健康与疾病。其目的是使居民个体对有关身体状况的基本描述有清晰的认识，以便为后续的健康生活方式做铺垫。如"根据健康评估的综合判断将健康分为3个状态，即健康、亚健康与疾病。亚健康状态，作为非健康、非疾病状态，是一种主观有虚弱感觉、诸多不适和各种症状，但经过医学系统检查却没有疾病的客观依据，而属于非疾病状态"。

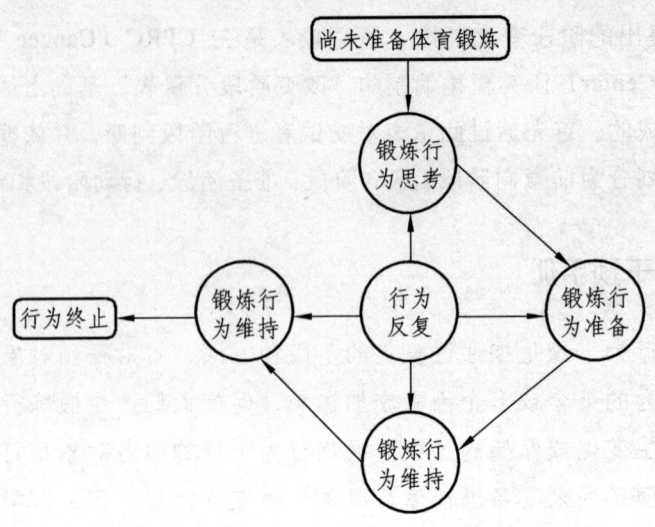

图 5.1 城镇居民体育锻炼行为改变过程

第二部分：科学的运动锻炼方法介绍。首先，将规律性体育锻炼的益处进行介绍，包括身体机能的改善、身体活力的提升、心理调适作用等方面。进而分别介绍"什么是规律性的体育锻炼""运动量的控制：强度、时间、频率""运动锻炼前的热身：原因、重要性、方法和技巧等""体育锻炼后如何快速消除身体的疲劳"等。

第三部分：常见的锻炼手段，如有氧运动的介绍。随着人民生活水平的不断提高，对个体生命质量的重视程度也日益提高，因此越来越多的人积极参加全民健身运动。在健身运动中，最常用的运动形式是有氧运动，其主要目的是"提高心肺功能和机体的适应能力"，进而介绍有氧运动的"方法""要领和尺度"等方面。

第四部分：其他常见的体育锻炼方法。这部分介绍的是对运动条件要求不高、技术简单、花费不多、效果明显、简便易行、比较普及的健身项目和手段，主要包括："健身走""跑步""骑自行车""健身操""健身路径"等不同类型。

第五部分：不同人群的体育锻炼处方。由于不同年龄、性别和职业的人在进行体育健身时应根据自身的身体和心理特点，采取适合其特点的健身方法，因此，这部分主要涉及给予不同人群锻炼的建议。

第三节 干预实验设计

因为样本量较大，而同时对居民个体只是在一定范围内进行的锻炼干预，因此干预实验设计部分属于准实验设计，即指未对自变量实施严格的充分条件控制，使用真实验的方法搜集、整理以及统计分析数据的研究。相对来讲，真实验设计的控制水平较高，操纵和测定变量较精确，但是它对于实验者和被试者的要求较高，操作上困难较大，现实性比较低。而准实验研究的实验结果较容易与现实情况联系起来，即现实性较强。

一、设计依据

完整的体育锻炼行为干预要点可以用5个词来概括：询问（Ask）、评估（Access）、建议（Advice）、帮助（Assist）和追踪随访（Arrange）。询问指询问并了解居民个体目前参加体育锻炼的情况以及健康状况；评估指评估居民个体参与体育锻炼的意愿、行为特点和所处行为的阶段；建议指提供有针对性的体育锻炼建议；帮助指在居民个体采取锻炼行为之后，予以行为支持和帮助；追踪随访指在后续阶段进行追踪随访，如图5.2所示。

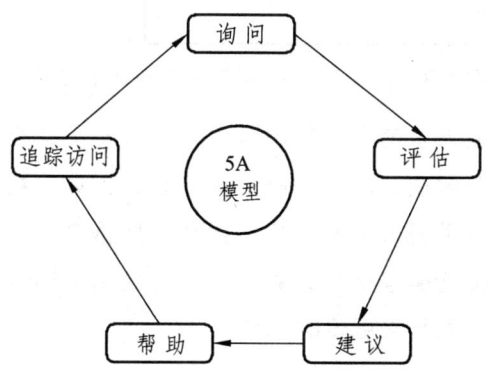

图5.2 "5A"体育锻炼行为干预流程图

（一）询问

在每次测试时都询问居民测试个体参与体育锻炼的情况，询问的主要目的是了解测试个体的生活习惯、锻炼行为情况、是否尝试过参与体育锻炼（至少维持4周，每周2~3次）、曾经采用的锻炼方法，以及参与或者不参与的原因等（见图5.3）。不管居民测试个体以往采取过何种体育锻炼行为尝试，都应该对他们所做出的尝试给予鼓励。

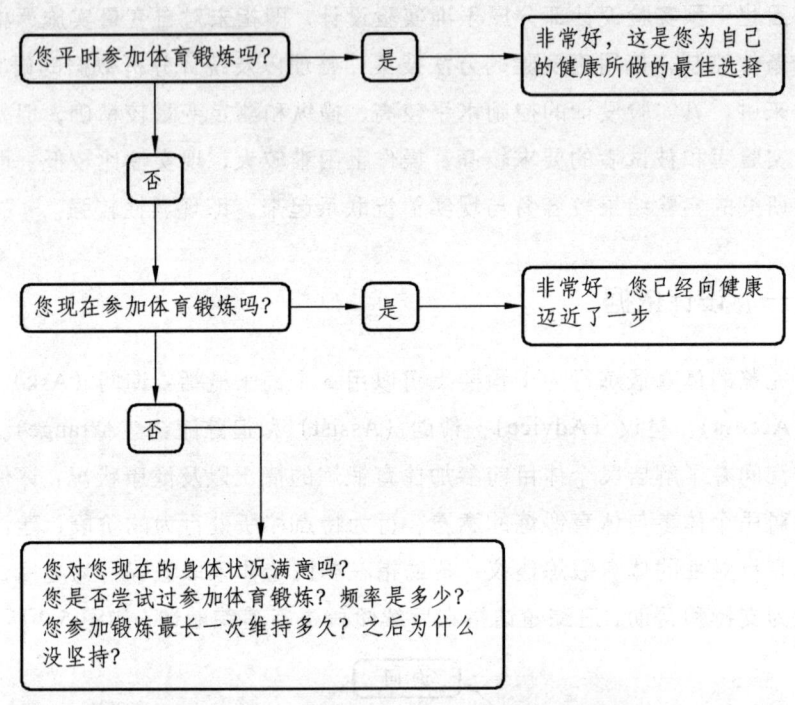

图5.3　体育锻炼行为干预询问环节步骤图

为了更好地征求居民个体的配合，获得其有关体育锻炼的信息，干预工作者可能需要对谈话环境进行一些布置，比如，摆放一些体育锻炼相关知识健康宣传手册或海报，桌面摆放一些体育活动的纪念品等，以更好地帮助居民接受健康干预，并让他们感觉到询问其体育锻炼情况是此次交流过程中一项非常重要的工作。

（二）评估

锻炼行为干预评估的主要任务是"确定居民个体参与体育锻炼的意愿，并深入了解个体对自身身体状况的了解程度、体育锻炼好处的认知、障碍的克服、参与体育锻炼的态度以及相信自己能够成功坚持体育锻炼的信念等方面",具体的评估步骤如图 5.4 所示。

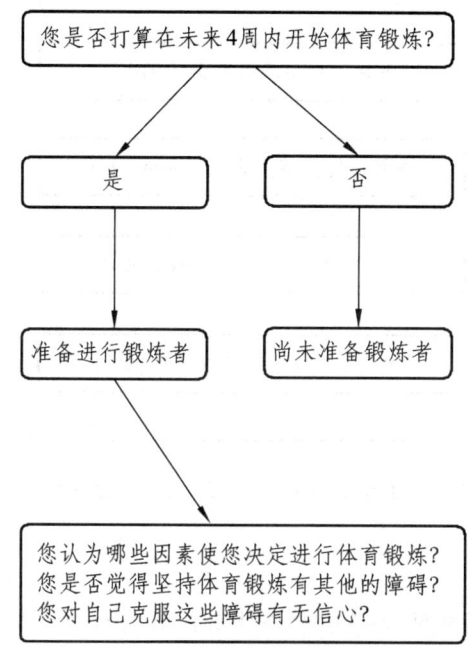

图 5.4　体育锻炼行为干预评估环节步骤图

(三)建议

锻炼行为干预建议应从居民个体身体健康状况的实际出发,并根据个体参与体育锻炼的意愿或动机的不同给予有针对性的体育锻炼行为建议(或称为体育锻炼运动处方),并根据需要进行相应的动机干预。

而实用有效的锻炼行为建议应该向居民个体强调锻炼行为与其健康的相关性,同时应该告知其久坐不动的危害和参加体育锻炼的好处,告知其在参加体育锻炼过程中可能会遇到的困难和障碍,并在每次与居民个体接触过程中反复重申体育锻炼的建议,因此,研究采用"5R"模型来提供锻炼行为干预的建议(见图 5.5)。最终期望个体能够根据这些建议,在权衡利弊之后,做出正确的选择。

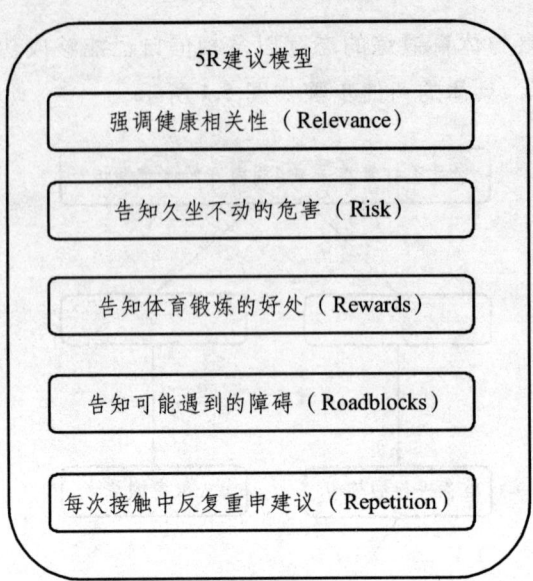

图 5.5 体育锻炼行为干预"5R"建议模型图

（四）帮助

锻炼行为干预帮助是指在参与体育锻炼过程中对居民个体予以行为支持和帮助。如对于准备进行体育锻炼的居民个体，主要帮助他们制订一份体育锻炼计划；而对于尚未意愿参与体育锻炼行为的个体，需要做的主要是提供体育锻炼指导材料，根据前面提到的"5R"建议模型对居民进行简短的动机干预，并鼓励居民个体今后考虑参与体育锻炼。

（五）追踪随访

在干预开始后，根据实验安排，在 4 次追踪测试中，根据时间安排，设置追踪随访，主要目的是"了解居民个体在采取体育锻炼行为后是否仍在坚持此行为"。如对于体育锻炼行为维持者，主要是祝贺这些居民个体，并鼓励他们继续坚持；而对于尝试坚持一段时间后又放弃的居民个体，对他们的体育锻炼活动能够尝试给予肯定，并鼓励他们重新开始锻炼行为，同时根据访谈结果，对其参与体育锻炼过程中出现的不同情况予以指导和帮助，以防止其放弃。具体的追踪随访步骤如图 5.6 所示。

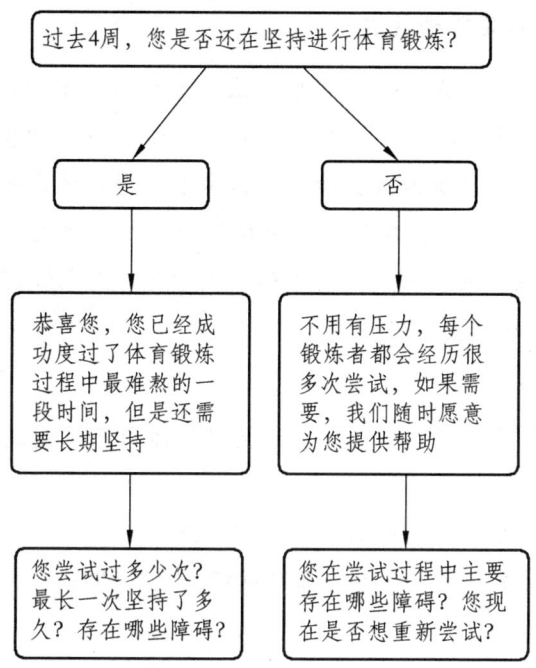

图 5.6 体育锻炼行为干预追踪随访环节步骤图

当有些干预活动时间不够充裕且尚不具备完成所有步骤的能力时，必须完成的 3 步是询问（Ask）、评估（Access）和建议（Advice）。

二、设计程序

首先，在干预初期，向受试者发放体育锻炼阶段量表，测试其现阶段所处的锻炼阶段。根据初期测试的所处阶段进行分组，即干预组和对照组均含有前意向阶段、意向阶段、准备阶段、行动阶段和维持阶段受试者。干预期间，通过设定干预手段和内容对各个行为阶段受试者进行 6 个月匹配干预（对照组只参与定期测试，而不施以干预手段和措施），每两个月月末进行一次行为测试，整个实验过程共测试 4 次。

在行为干预过程中，根据不同的锻炼阶段受试者采用不同的干预方法和手段，具体内容如下所示。

(一) 前意向阶段受试者

如果居民个体明确表示："对体育锻炼行为不接受，从未打算在未来一个月内开始进行体育锻炼"，则干预者的主要任务是对这些个体进行简单的"动机干预"，即鼓励他们今后可以考虑参与到体育锻炼中来，并提供一些有关体育锻炼的自助材料。干预的目的是"促使受试者尽快形成锻炼意识"。需要注意的是，对于这些居民个体，无须强迫并说服他们要马上参与到体育锻炼活动中来。

1. 询问环节

主要工作是"整理其身体状况以及参与体育锻炼活动的情况等相关信息并归档"。

询问对方是否参与体育锻炼。在询问过程中，让其知道你很关注他们的健康，所以才询问他们参与体育锻炼活动的情况。

2. 评估环节

主要工作是询问"您是否打算在接下来的4周内开始进行体育锻炼？"

3. 建议环节

主要工作是建议对方参与体育锻炼。谈及体育锻炼与其自身健康的相关性；谈及久坐不动的危害；谈及体育锻炼的好处；谈及参与体育锻炼活动过程中的困难。

4. 帮助环节

主要工作是提供体育锻炼自助材料（干预手册的部分内容）。在干预过程中，需要注意的是"切勿对这些居民个体施加压力"。

5. 追踪随访

主要工作是"让居民个体知道只要他们今后想参与体育锻炼活动，你随时愿意为他们提供帮助"。

6. 其他事项

主要工作是保持每次干预不要超过3分钟，集中注意力在当前需要解决的问题上。

在具体干预过程中，采用宣传体育锻炼带来的身心益处以及如何使自己尽快摆脱久坐状态的方法等知识。发放干预手册，引导阅读前意向阶段干预部分内容，即干预手册第一、第二部分。如"为什么要进行体育锻炼？什么是健康、亚健康与疾病？……在现代文明社会发展和高节奏的生活环境中，亚健康人群数量持续增长，尤以经济发达城市的中年脑力工作者为甚，如某城市政府机关超过半数 50 岁以上工作人员的胆固醇含量超过 5.2 mmol/L 的临界高水平；在大、中专学校教师的体质测查中，也发现相当多比例的人存在着肥胖、高血糖和骨质疏松的现象，这些现象已成为潜在的致病危险因素，因此应当进行合理、适宜的运动。

其中每次干预必须完成的步骤是"询问对方是否参与体育锻炼→建议对方参与→询问：您是否打算在接下来的 4 周内开始进行体育锻炼？"

（二）意向阶段受试者

如果居民个体表示了解体育锻炼给身体健康带来的好处，但由于部分原因暂时未打算在未来一个月内开始进行体育锻炼，则干预者要对这些个体进行较深层次的动机干预，包括强化其对体育锻炼活动益处的认知，与他们一起讨论参与锻炼活动会遇到的一些障碍，鼓励他们下一步考虑参与到体育锻炼中来，并提供一些有关体育锻炼的自助材料。干预的目的是促使受试者从意向状态转向行动计划。

1. 询问环节

主要工作是"整理其身体状况以及参与体育锻炼活动的情况等相关信息并归档"。

询问对方是否参与体育锻炼。在询问过程中，让其知道你很关注他们的健康，所以才询问他们参与体育锻炼活动的情况。

2. 评估环节

主要工作是询问"您是否打算在接下来的 4 周内开始进行体育锻炼？您觉得您参与体育锻炼活动的主要障碍有哪些？"

3. 建议环节

主要工作是建议对方参与体育锻炼。谈及体育锻炼与其自身健康的相关性；谈及久坐不动的危害；谈及体育锻炼的好处；谈及参与体育锻炼活动过程中的困难。

4. 帮助环节

主要工作是提供体育锻炼自助材料（干预手册的部分内容）。

在干预过程中，需要注意的是"切勿对这些居民个体施加压力"。

5. 追踪随访

主要工作是"让居民个体知道只要他们今后想参与体育锻炼活动，你随时愿意为他们提供帮助"。

6. 其他事项

保持每次干预不要超过 3 分钟。在具体操作过程中，使用干预手册时，引导居民个体阅读意向阶段干预部分内容，如"为什么要进行体育锻炼？什么是健康、亚健康与疾病？什么是科学的运动锻炼方法？"具体内容是什么是规律性的体育锻炼、运动量的控制、运动锻炼前的热身、如何循序渐进、体育锻炼后如何快速消除身体的疲劳等内容。

同时，在首次测试之后请受试者填写体育锻炼益处及障碍认知量表，并通过测试结果与受试者进行困难应对策略指导、咨询以及锻炼方式、方法、技巧的宣传。

（三）准备阶段受试者

如果居民个体打算在接下来 4 周内进行体育锻炼行为，则干预者的主要任务是"帮助居民个体确定开始锻炼的大致时间；明确有哪些人支持他们进行锻炼；告知锻炼过程中可能遇到的障碍；提供简单的障碍应对方法；提供体育锻炼活动指导信息等"，并根据以上内容和个人基本情况协助他们制订一份体育锻炼运动处方，并为他们提供锻炼行为自助材料。干预的目的是促使受试者从行动计划转向行动实施。

1. 询问环节

主要工作是"整理其身体状况以及参与体育锻炼活动的情况等相关信息并归档"。

询问对方是否参与体育锻炼。在询问过程中,让其知道你很关注他们的健康,所以才询问他们参与体育锻炼活动的情况。

2. 评估环节

主要工作是询问"您是否打算在接下来的4周内开始进行体育锻炼?您觉得您参与体育锻炼活动的主要障碍有哪些?您觉得您对克服这些障碍有没有信心?"

3. 建议环节

主要工作是建议对方制订体育锻炼活动计划并坚持实施。谈及体育锻炼的好处,谈及参与体育锻炼活动过程中的困难。

4. 帮助环节

主要工作是与受试者一起完成干预环节的各项工作。在干预过程中,需要注意的是"切勿对这些居民个体施加压力"。

5. 追踪随访

主要工作是"让居民个体知道只要他们今后想参与体育锻炼活动,你随时愿意为他们提供帮助"。

在居民个体开始参与锻炼后一周之内安排一次电话随访,并在下一次的测试中当面访谈。

6. 其他事项

注意每次干预时间为3~5分钟。在具体实施过程中,使用干预手册时,引导阅读准备阶段干预部分,包括什么是科学的运动锻炼方法,介绍科学运动的方式和日常的锻炼方法,如健身走、跑步、骑自行车、健身操以及其他有氧运动行为,并根据受试者个人情况,如性别、年龄、职业等,帮助受试者做出运动计划处方。

其中每次干预必须完成的步骤是"询问对方是否参与体育锻炼→建

议对方参与→询问:您是否打算在接下来的 4 周内开始进行体育锻炼?→明确开始锻炼的具体日期→在居民个体开始锻炼后一周之内安排一次电话随访"。

7. 运动处方示例

孙女士,44 岁,家住成都市建设南新路 5 号欣苑小区,现为某公司会计。参与实验初期,心率为 69 次/分钟,血压为 125/75 mmHg(收缩压/舒张压),BMI 为 27.7,体脂百分比为 25.5%,经其问卷反映结果为处于体育锻炼准备阶段。

根据孙女士的测试结果,我们为其制订了体育锻炼指导方案,其锻炼方法为周期有氧运动、全身力量、柔韧练习类锻炼项目的组合。

首先,运动前应做 5~10 分钟热身运动,活动关节和肌肉群,让心跳微微加速,为运动做好准备,以预防损伤;运动结束后应做一些伸展运动,增强身体柔韧性,以减轻运动疲劳,具体运动方案如表 5.1 所示。

表 5.1 准备阶段运动处方示例

项目	周期有氧运动	全身力量运动	身体柔韧运动
	快步走、健身跑	健身操、健身路径运动	主动或被动的静力性伸展
锻炼要点	快步走锻炼最好在公园或绿道里进行,快步行走时的心率适宜在 110 次/分钟以内。可选择快速走步、反背背向走步、摆臂走步、摩腹散步、赤脚走等方式。健身跑进行过程中,脚的落地要采用从脚后跟过渡到前脚掌的方式;腿部也要放松,不要有意迈大步;跑步时,主要采取鼻吸气、口呼气的呼吸方式,在吸气和呼气时要做到慢、细、长,要有意识地把双脚步伐节奏与呼吸节奏协调起来	健身操适应各类人群,但活动性疾病禁忌。健身路径根据配备的器械,一般都包括了主要的锻炼内容和方法	缓慢地将肌肉、韧带拉伸到一定位置,略感酸胀、痛,并控制此水平力量强度,保持一定时间。这种锻炼方法比较安全,较为适合体育锻炼活动少或是未经训练的人群

续表

项目	周期有氧运动 快步走、健身跑	全身力量运动 健身操、健身路径运动	身体柔韧运动 主动或被动的静力性伸展
锻炼强度	强度接近而不超过"靶心率"（您的靶心率为136次/分钟）。在运动时，可随时数一下脉搏，心率控制在接近靶心率的地方，同时自我感觉轻度呼吸急促、微热出汗，运动强度为合适。如若有明显的心慌、气短、心口发热、头晕等表现，则表明此时运动量过大，需要调整或缓慢降低频率和强度，使身体逐渐恢复正常		每种姿势练习的时间和次数可以逐渐增加，锻炼过程应涉及所有主要肌肉群（如腿部、臀部、背部、胸部、腹部、肩膀和手臂）
锻炼频率/时间	每周2~3次，每次至少20~30分钟。没有疲劳表明锻炼的量不足以刺激机体产生变化，效果不佳，以身体承受情况和心率监控调整持续时间。 也可进行跑走交替，如走1分钟后跑1分钟，交替进行	健身操：每周2~3次，每次至少20~30分钟 健身路径：每周2~3次，每次2组，每组20~30分钟，间隔15分钟	此种锻炼形式持续时间：每周2~3次，每次至少20~30分钟
注意事项	盛夏时节和冬季都不适宜在户外长走、长跑锻炼；另外，中度以上的高血压、糖尿病人以及心脏病人不应该进行长时间的运动，从事长走运动也要谨慎	重视每次热身准备和整理活动；穿戴有弹性的运动服装和鞋子；注意循序渐进	在进行较大强度肌肉伸展练习前，必须做热身活动；如若肌肉伸展产生紧绷感或感到疼痛时应停止练习，以免拉伤肌肉，注意循序渐进

(四)行动阶段受试者

居民个体已经开始参与体育锻炼行为,并持续4周(一个月)及以上。干预者的主要任务是帮助居民强化体育锻炼行为的好处,引导帮助其克服现阶段的锻炼障碍,提供体育锻炼活动指导信息。根据个人基本情况协助他们制订一份现阶段的体育锻炼运动处方,并为他们提供锻炼行为自助材料。干预的目的是防止受试者锻炼行为退出并促使其行为的规律性。

1. 询问环节

主要工作是"整理其身体状况以及参与体育锻炼活动的情况等相关信息并归档"。

询问对方是否参与体育锻炼。在询问过程中,让其知道你很关注他们的健康,所以才询问他们参与体育锻炼活动的情况。

2. 评估环节

主要工作是询问"您是否打算在接下来的时间继续进行体育锻炼?您觉得您参与体育锻炼活动的主要障碍有哪些?您觉得您对克服这些障碍有没有信心?"

3. 建议环节

主要工作是建议对方坚持体育锻炼活动计划并坚持实施。谈及体育锻炼的好处,谈及参与体育锻炼活动过程中的困难。

4. 帮助环节

主要工作是提供体育锻炼自助材料,提供体育锻炼活动指导信息,共同探讨并修订体育锻炼运动处方。

5. 追踪随访

主要工作是每月定期接受居民个体的锻炼信息反馈,并在下一次的测试中当面访谈。

6. 其他事项

干预手段为发放干预手册,引导其阅读行动阶段部分,如"介绍科学运动的方式和日常的锻炼方法,根据受试者个人情况和现阶段锻炼状态，与受试者一起分析现阶段锻炼方式方法的合理性，并提出建议，提供咨询"。

同时，鼓励、引导受试者组成锻炼群体，并引导其记录锻炼过程和收获。

7. 运动处方示例

张先生，32岁，家住成都市清江东路120号，现工作单位为某建筑设计公司。参与实验初期，心率为74次/分钟，血压为115/75 mmHg（收缩压/舒张压），BMI为24.5，体脂百分比为18.5%，经其问卷反映结果为处于体育锻炼行动阶段。

根据张先生的测试结果和其平时锻炼的习惯，我们为其调整了体育锻炼指导方案，其锻炼方法为周期持续的全身力量、柔韧练习类锻炼项目组合。

首先，运动前应做5～10分钟热身运动，活动关节和肌肉群，让心跳微微加速，为运动做好准备，以预防损伤；运动结束后应做一些伸展运动，增强身体柔韧性，以减轻运动疲劳，具体运动方案如表5.2所示。

表5.2 行动阶段运动处方示例

项目	周期有氧运动	全身力量运动，辅助身体柔韧运动
	健身跑、骑自行车	器械健身并进行主动或被动的动力性伸展
锻炼要点	健身跑进行过程中，脚的落地要采用从脚后跟过渡到前脚掌的方式；腿部也要放松，不要有意迈大步；跑步时，主要采取鼻吸气、口呼气的呼吸方式，在吸气和呼气时要做到慢、细、长，要有意识地把双脚步伐节奏与呼吸节奏协调起来	根据器械特点，第1～3周：器械推举训练；第4～6周：初级自由重量训练阶段，增加胸部、背部、肩部和腿部的训练负荷；第7周以后：更多的组数，更大的重量，本着循序渐进的原则，逐步增加所使用的负重量，同时使锻炼行为重复次数保持在8～10次。 用力不宜过猛，注意循序渐进，从而避免拉伤

续表

项目	周期有氧运动	全身力量运动,辅助身体柔韧运动
	健身跑、骑自行车	器械健身并进行主动或被动的动力性伸展
锻炼强度	强度接近而不超过"靶心率"（您的靶心率为148次/分）。在运动时，可随时数一下脉搏，心率控制在接近靶心率的地方，运动强度就是合适的。同时自我感觉轻度呼吸急促、微热出汗，运动强度为合适。如若有明显的心慌、气短、心口发热、头晕等表现，则表明此时运动量过大，需要调整或缓慢降低频率和强度，使身体逐渐恢复正常	
锻炼频率/时间	每周2~3次，每次至少20~30分钟，循序渐进，可适度增加频率和持续时间	
注意事项	盛夏时节和冬季都不适宜在户外长走、长跑锻炼；每次进行热身运动；穿戴有弹性的运动服装和鞋子；注意循序渐进	

（五）维持阶段受试者

对于至少已经坚持6个月锻炼行为的居民个体，在测试中对其在锻炼过程中所做的各种尝试和坚持给予肯定，对锻炼行为维持者表示祝贺。同时也要表明，维持者放弃锻炼的行为也是很常见的，因此，干预的目的是促使其保持现有锻炼状态并防止放弃锻炼行为，需要跟他们一起分享锻炼活动带来的收益，鼓励他们继续坚持。

1. 询问环节

主要工作是"整理其身体状况以及参与体育锻炼活动的情况等相关信息并归档"。

询问对方是否参与体育锻炼。在询问过程中，让其知道你很关注他们的健康，所以才询问他们参与体育锻炼活动的情况。

对维持者表示祝贺，并鼓励他们继续坚持体育锻炼。

2. 评估环节

主要工作是询问"您是否打算在接下来的时间继续进行体育锻炼？

您觉得您参与体育锻炼活动的主要障碍有哪些？您觉得您对克服这些障碍有没有信心？"

3. 建议环节

主要工作是建议对方坚持体育锻炼活动计划并坚持实施。谈及体育锻炼的好处，谈及参与体育锻炼活动过程中的困难。

4. 帮助环节

主要工作是提供体育锻炼自助材料，提供体育锻炼活动指导信息，共同探讨并修订体育锻炼运动处方。

5. 追踪随访

主要工作是每月定期接受个体的锻炼信息反馈，并在下一次的测试中当面访谈。

6. 其他事项

尽量长话短说，保持每次干预不要超过 3 分钟。干预手段主要为总结收获，强化受试者内在的锻炼动机，以干预手册作为辅助手段。

（六）对照组的干预实施过程

对于对照组受试者，测试期间不采取任何干预手段和措施，仅在测试初期进行体育锻炼知识的简单介绍，之后参与每次行为研究的常规测试。

第六章 干预效果分析

第一节 模型假设的验证

经探索性因子和验证性因子分析,对研究提出的锻炼行为模型假设、因素作用机制假设和锻炼行为干预假设进行了验证,具体假设验证结果如表 6.1 所示。

表 6.1 研究假设验证结果

研究假设编号	假设内容	验证结果
H_1	体育锻炼行为易感性认知对行为益处认知具有正向影响	证实
H_2	体育锻炼行为易感性认知对行为态度具有正向影响	证实
H_3	体育锻炼行为严重性认知对行为益处认知具有正向影响	证实
H_4	体育锻炼行为严重性认知对行为态度具有正向影响	证实
H_5	体育锻炼行为益处认知对行为态度具有正向影响	证实
H_6	体育锻炼行为障碍认知对行为态度具有负向影响	证伪
H_7	体育锻炼行为态度对行为意向具有正向影响	证实
H_8	体育锻炼主体规范对行为意向具有正向影响	证实
H_9	体育锻炼主观控制感对行为意向具有正向影响	证实
H_{10}	体育锻炼行为线索对行为结果具有正向影响	证实
H_{11}	体育锻炼行为益处认知对行为结果具有正向影响	证实

续表

研究假设编号	假设内容	验证结果
H_{12}	体育锻炼行为障碍认知对行为结果具有负向影响	证实
H_{13}	体育锻炼主观控制感对行为结果具有正向影响	证实
H_{14}	体育锻炼行为意向对行为结果具有正向影响	证实
H_{z1}	体育锻炼行为态度对主观控制感具有正向影响	证实（新增假设）
H_{z2}	体育锻炼行为益处认知对行为障碍认知具有负向影响	证实（新增假设）
H_{15}	根据体育锻炼行为阶段特征进行的行为干预有效	证实

根据图 4.3 的输出结果和表 4.38 的计算结果，可以得出：

由于变量 psu 与 pe 的标准路径系数为 0.70，因此 psu 对 pe 具有正向影响，即体育锻炼行为易感性认知对锻炼行为益处认知具有正向影响。因此假设 H_1 成立。

由于变量 psu 与 ba 的标准路径系数为 0.70，因此 psu 对 ba 具有正向影响，即体育锻炼行为易感性认知对锻炼行为态度具有正向影响。因此假设 H_2 成立。

由于变量 pse 与 pe 的标准路径系数为 0.63，因此 pse 对 pe 具有正向影响，即体育锻炼行为严重性认知对锻炼行为益处认知具有正向影响。因此假设 H_3 成立。

由于变量 pse 与 ba 的标准路径系数为 0.54，因此 pse 对 ba 具有正向影响，即体育锻炼行为严重性认知对锻炼行为态度具有正向影响。因此假设 H_4 成立。

由于变量 pe 与 ba 的标准路径系数为 0.75，因此 pe 对 ba 具有正向影响，即体育锻炼行为益处认知对锻炼行为态度具有正向影响。因此假设 H_5 成立。

由于变量 pa 与 ba 相关系数为-0.09，接近于 0，未通过检验，因此

pa 对 ba 不具有直接的负向影响,即体育锻炼行为障碍认知对锻炼行为态度不具有直接的负向影响。因此假设 H_6 不成立。

由于变量 ba 与 bi 的标准路径系数为 0.80,因此 ba 对 bi 具有正向影响,即体育锻炼行为态度对锻炼行为意向具有正向影响。因此假设 H_7 成立。

由于变量 sn 与 bi 的标准路径系数为 0.60,因此 sn 对 bi 具有正向影响,即体育锻炼行为主体规范对锻炼行为意向具有正向影响。因此假设 H_8 成立。

由于变量 pbc 与 bi 的标准路径系数为 0.79,因此 pbc 对 bi 具有正向影响,即体育锻炼行为主观控制感对锻炼行为意向具有正向影响。因此假设 H_9 成立。

由于变量 bc 与 bo 的标准路径系数为 0.72,因此 bc 对 bo 具有正向影响,即体育锻炼行为线索对锻炼行为结果具有正向影响。因此假设 H_{10} 成立。

由于变量 pe 与 bo 的标准路径系数为 0.76,因此 pe 对 bo 具有正向影响,即体育锻炼行为益处认知对锻炼行为结果具有正向影响。因此假设 H_{11} 成立。

由于变量 pa 与 bo 的标准路径系数为 -0.58,因此 pa 对 bo 具有负向影响,即体育锻炼行为障碍认知对锻炼行为结果具有负向影响。因此假设 H_{12} 成立。

由于变量 pbc 与 bo 的标准路径系数为 0.72,因此 pbc 对 bo 具有正向影响,即体育锻炼行为主观控制感对锻炼行为结果具有正向影响。因此假设 H_{13} 成立。

由于变量 bi 与 bo 的标准路径系数为 0.91,因此 bi 对 bo 具有正向影响,即体育锻炼行为意向对锻炼行为结果具有正向影响。因此假设 H_{14} 成立。

由于变量 ba 与 pbc 的标准路径系数为 0.56,因此 ba 对 pbc 具有正向影响,即体育锻炼行为态度对锻炼行为主观控制感具有正向影响。因此新增假设 H_{z1} 成立。

由于变量 pe 与 pa 的标准路径系数为-0.47，因此 pe 对 pa 具有负向影响，即体育锻炼行为益处认知对锻炼行为障碍认知具有负向影响。因此新增假设 H_{z2} 成立。

同时，根据体育锻炼行为干预的实测分析结果，证明了体育锻炼行为阶段特征进行的行为干预的有效性。

第二节 干预效果对比

一、行为扩散的基本特点

按照罗杰斯对创新采用者的分类方法，可将采用者分为创新者（Innovators）、早期采纳者（Early Adopters）、早期大多数（Early Majority）、晚期大多数（Late Majority）和落后者（Laggards）。鉴于体育锻炼行为不是一个时刻点的行为，而是一个需要持续的过程，因此，研究根据体育锻炼行为阶段划分的相关理论，将体育锻炼行为采用者划分为体育锻炼行为的前意向阶段行为者（Pre-contemplation）、意向阶段行为者（Contemplation）、准备阶段行为者（Preparation）、行为阶段行为者（Action）和维持阶段行为者（Maintenance）5 组。

基线调查时样本量为 343 人，其中干预组 165 人，对照组 178 人，6 个月期间，对同一批受试者进行追踪调查。分析结果显示，基线调查即干预前，居民体育锻炼各个阶段的人数如图 6.1 所示，基线调查时，干预组各阶段人数分别占 10.9%、23.6%、36.4%、20.6%和 8.5%，对照组各阶段人数分别占 10.1%、24.2%、34.8%、21.3%和 9.6%，呈现的结果与现场调查访谈结果一致。由于社会、文化发展的影响以及健康知识的普及，多数人对于体育锻炼的好处有广泛的认知，但有相当比例的人群处于锻炼行为的"观望期"，即锻炼行为意向和准备阶段，而真正行动的比例相对较少。同时，从图 6.1 呈现的结果来看，干预组、对照组两组内各个阶段人数差异程度比较接近。

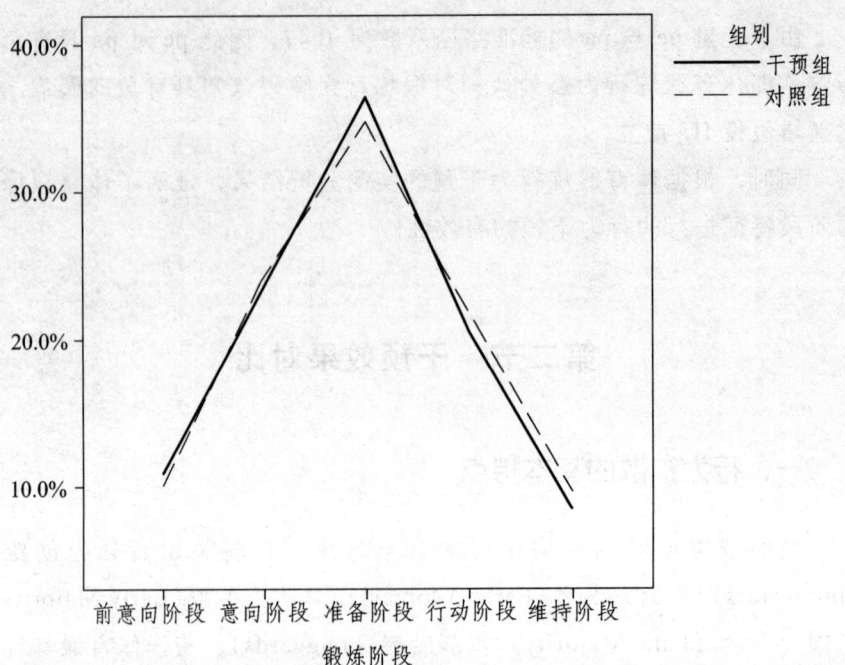

图 6.1 城镇居民体育锻炼行为扩散曲线（干预前）

进行干预后，干预组各阶段人数分别占 1.2%、14.6%、30.4%、28.5% 和 25.3%，对照组各阶段人数分别占 7.3%、23.6%、38.2%、20.8% 和 10.1%。图 6.2 数据显示，干预组前意向阶段与意向阶段人数明显减少，两阶段之间差距比较大，根据创新扩散相关理论："创新行为会在某些个体首先接受和采纳，通过他们再传向其他人，从而引起扩散"。因此，体育锻炼行为的早期采用者对他人起着角色示范的作用，他们在进行锻炼行为的同时也对周围的人传达对该行为的评价，影响其他人的行为。因此在健康干预早期，部分个体对于锻炼知识缺乏正确认知，受外界影响程度较大。扩散结果显示，通过相应的干预手段，对促使锻炼人群从前意向阶段向意向阶段转化，以及从两阶段向更高阶段转化有较为明显的效果。同时，根据图 6.2 扩散曲线变化情况来看，干预组和对照组在锻炼行为"后期阶段"，即准备阶段、行动阶段和维持阶段变化斜率有较大变化，两组人数比重分配距离较前期阶段逐渐加大，说明干预手段对促进居民从计划准备阶段到行动阶段以及行动维持阶段具有一定的干预促进作用。

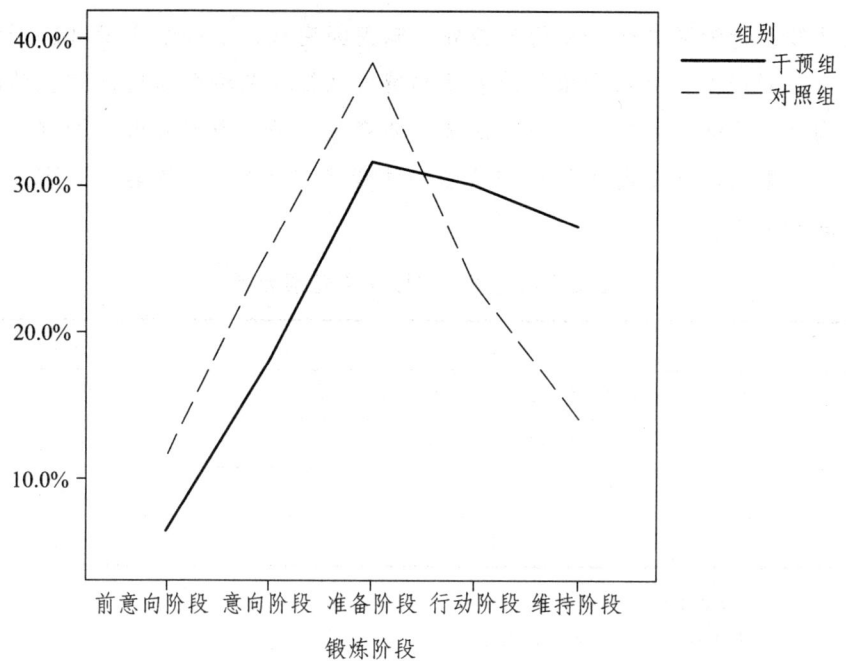

图 6.2 城镇居民体育锻炼行为扩散曲线（干预后）

二、行为阶段对比特征

追踪调查结果显示，对于城镇居民体育锻炼的阶段性，5 组人群的性别、年龄、职业、受教育程度差异均有统计学意义（$p < 0.05$），此结果与基线调查结果基本一致。可见，性别、年龄、职业与受教育程度是影响体育锻炼行为的基本因素。

（一）前意向阶段

对前意向阶段的受试个体进行阶段性干预，干预前后，个体的锻炼行为特征因素均有一定程度变化，干预组在干预前后受试者的锻炼行为结果存在显著性差异（$p < 0.05$），但研究并未排除受试者在干预前某种因素的影响。因此，为了进一步检验本阶段干预手段的干预效果，研究采用协方差分析对该阶段受试者个体的相关行为特征因素进行验证。

首先，检验协方差分析的斜率同质假设。分别以易感性认知、严重性认知、行为障碍认知和行为益处认知为因变量，以分组变量（1=干预组，2=对照组）为自变量，以前测易感性认知、前测严重性认知、前测行为障碍认知和前测行为益处认知为协变量，采用方差分析模型进行分析。结果显示（见表 6.2），自变量与协变量交互作用不显著，即满足斜率同质性假设。

表 6.2 前意向阶段协方差预分析

方差来源	p 值
分组 * 前测易感性认知	0.627
分组 * 前测严重性认知	0.351
分组 * 前测行为益处认知	0.094
分组 * 前测行为障碍认知	0.126

注：* 表示在 0.05 的水平下差异显著。
　　** 表示在 0.01 的水平下差异显著。

其次，分别以易感性认知、严重性认知、行为障碍认知和行为益处认知为因变量，以分组变量（1=干预组，2=对照组）为自变量，以前测易感性认知、前测严重性认知、前测行为障碍认知和前测行为益处认知为协变量，采用方差分析模型进行协方差分析操作。结果显示（见表 6.3），前测易感性认知、前测严重性认知、前测行为障碍认知和前测行为益处认知协变量对干预效果均没有影响。

表 6.3 前意向阶段协方差分析

方差来源	p 值
前测易感性认知	0.426
前测严重性认知	0.233
前测行为益处认知	0.068
前测行为障碍认知	0.091

注：* 表示在 0.05 的水平下差异显著。
　　** 表示在 0.01 的水平下差异显著。

最后，采用独立样本 T 检验方法，检验实施干预后，干预组和对照组在重点干预内容上的差异性。结果表明接受干预后，干预组的易感性认知、严重性认知和行为益处认知均显著高于对照组，而行为障碍认知值显著低于对照组，如表 6.4 所示。

表6.4 前意向阶段性干预对相关变量的效果分析

变 量	干预组	对照组	p 值
易感性认知	3.35±0.583	2.83±0.518	0.032 *
严重性认知	2.89±0.167	2.49±0.273	0.050 *
行为障碍认知	3.05±0.267	3.68±0.415	0.021 *
行为益处认知	3.58±0.326	2.94±0.572	0.006 **

注：* 表示在 0.05 的水平下差异显著。
　　** 表示在 0.01 的水平下差异显著。

同时，也对该阶段全体受试者行为益处及障碍认知因素方面的特征进行了更为深入的分析。调查结果显示，基线调查时，体育锻炼益处量表各项目的得分均在 3.80 以下，通过干预手段的使用，居民对于体育锻炼益处认知均呈现较高的认同度，各分量表的得分值均有上升（达到 4.0 分以上）。被调查者对体育锻炼的益处项目均表示"同意"或者"非常同意"。但是，对于有些锻炼益处的认知项目，被调查者持中立的态度，如"体育锻炼帮助我减少疲倦感""体育锻炼提高我的生活品质"等。另外，有些项目在被调查者看来，接近于持"同意"的态度，如心理观念分量表中"体育锻炼增进我的精神健康""体育锻炼使我觉得有成就感""体育锻炼使我觉得心情舒畅"等。调查研究发现，被调查者在个别项目上认同度较低，如"体育锻炼使别人更接受我"等，而在另一些项目如"体育锻炼能够增强我的身体状况"等表现出较大的认同度。而对于障碍的认知，被调查者对于量表中体现的体育锻炼带来的不便大多比较认同。干预前后认同程度有部分变化，呈现不同的差异程度。干预前，认同度较高的为体育锻炼带来的体力消耗（M=3.80，SD=0.727），而这一项目在干预后有所下降（$M=3.24$，$SD=0.701$），这与干预过程中进行的体育锻炼方法宣传和指导有一定的关系。对于个别障碍量表的项目，被调查者表现出明显的不认同，如"我的家人不鼓励我参加体育锻炼"。同时，调查中发现，被调查者在项目如"我可以进行体育锻炼的地方都太远了""体育锻炼使我觉得累"表现出较高的认同度，而在"我觉得很不好意思去参加体育锻炼"等项目上表现出较多的不认同。从整体调查结果来看，居民对于锻炼益处的认知程度要高于障碍的认知程度。

（二）意向阶段

对意向阶段的受试个体进行锻炼干预后，干预前后受试者的锻炼行为结果存在显著性差异（$p<0.05$）。研究仍首先采用协方差分析确认相关前测变量的影响作用，统计分析结果如表 6.5、表 6.6 所示。

表 6.5　意向阶段协方差预分析

方差来源	p 值
分组 * 前测行为线索	0.363
分组 * 前测行为态度	0.154

注：* 表示在 0.05 的水平下差异显著。
　　** 表示在 0.01 的水平下差异显著。

表 6.6　意向阶段协方差分析

方差来源	p 值
前测行为线索	0.044 *
前测行为态度	0.084

注：* 表示在 0.05 的水平下差异显著。
　　** 表示在 0.01 的水平下差异显著。

分析结果可以看出，数据通过了斜率同质性假设，且前测行为态度对干预效果没有影响，但前测行为线索对干预效果有影响（$p<0.05$），因此分别对干预后两组的行为态度和行为线索进行了对比分析（见表

6.7、表 6.8），结果表示，干预组的行为态度和行为线索值均显著高于对照组，表示在此阶段促进体育锻炼意识形成的匹配干预手段有效。

表 6.7 意向阶段性干预对行为态度的效果分析

变量	干预组	对照组	p 值
行为态度	3.57±0.135	2.75±0.478	0.000 **

注：* 表示在 0.05 的水平下差异显著。

** 表示在 0.01 的水平下差异显著。

表 6.8 意向阶段行为线索修正均数的差异分析结果

（I）分组	（J）分组	均值差异（I-J）	p 值
干预组	对照组	0.420	0.022 *

注：* 表示在 0.05 的水平下差异显著。

** 表示在 0.01 的水平下差异显著。

（三）准备阶段

对行为准备阶段的受试个体进行锻炼干预后，干预前后，干预组和对照组受试者在行为特征因素得分上均有不同程度的变化。与上述分析方法同理，统计分析结果如表 6.9~6.12 所示。

表 6.9 准备阶段协方差预分析

方差来源	p 值
分组 * 前测行为线索	0.825
分组 * 前测行为障碍认知	0.576
分组 * 前测行为态度	0.936
分组 * 前测主体规范	0.103
分组 * 前测行为意向	0.923

注：* 表示在 0.05 的水平下差异显著。

** 表示在 0.01 的水平下差异显著。

表 6.10　准备阶段协方差分析

方差来源	p 值
前测行为线索	0.224
前测行为障碍认知	0.452
前测行为态度	0.318
前测主体规范	0.540
前测行为意向	0.032 *

注：* 表示在 0.05 的水平下差异显著。
　　** 表示在 0.01 的水平下差异显著。

表 6.11　准备阶段性干预对相关因素的效果分析

变量	干预组	对照组	p 值
行为线索	3.90±0.197	3.52±0.294	0.012 *
行为障碍认知	2.10±0.25	2.25±0.246	0.017 *
行为态度	4.25±0.597	3.92±0.486	0.006 **
主体规范	4.15±0.278	4.00±0.436	0.000 **

注：* 表示在 0.05 的水平下差异显著。
　　** 表示在 0.01 的水平下差异显著。

表 6.12　准备阶段行为意向修正均数的差异分析结果

(I) 分组	(J) 分组	均值差异（I-J）	p 值
干预组	对照组	0.360	0.003 **

注：* 表示在 0.05 的水平下差异显著。
　　** 表示在 0.01 的水平下差异显著。

研究结果表明，前测行为线索、前测行为障碍认知、前测行为态度及前测主体规范对干预效果均没有影响（$p>0.05$），但前测行为意向对干预效果有影响（$p<0.05$）。而对比分析显示，干预组除行为障碍认知

显著低于对照组外，其余变量值均显著高于对照组，表示在此阶段促使受试者从行动计划转向行动实施的匹配干预手段有效。

（四）行动阶段

对行动阶段的受试个体进行锻炼干预后，与上述分析方法同理，统计分析结果如表 6.13~6.15 所示。

表 6.13　行动阶段协方差预分析

方差来源	p 值
分组 * 前测易感性认知	0.106
分组 * 前测行为态度	0.521
分组 * 前测主体规范	0.438
分组 * 前测主观控制感	0.095
分组 * 前测行为意向	0.766

注：* 表示在 0.05 的水平下差异显著。

** 表示在 0.01 的水平下差异显著。

表 6.14　行动阶段协方差分析

方差来源	p 值
前测易感性认知	0.347
前测行为态度	0.118
前测主体规范	0.258
前测主观控制感	0.086
前测行为意向	0.452

注：* 表示在 0.05 的水平下差异显著。

** 表示在 0.01 的水平下差异显著。

表 6.15 准备阶段性干预对相关因素的效果分析

变量	干预组	对照组	p 值
易感性认知	4.25±0.496	4.00±0.478	0.000 **
行为态度	4.86±0.216	4.60±0.563	0.006 **
主体规范	4.70±0.418	4.49±0.450	0.002 **
主观控制感	4.66±0.187	4.50±0.259	0.018 *
行为意向	4.62±0.423	4.41±0.347	0.000 **

注：* 表示在 0.05 的水平下差异显著。
　　** 表示在 0.01 的水平下差异显著。

综上研究结果表明，前测易感性认知、前测行为态度、前测主体规范、前测主观控制感和前测行为意向对干预效果均没有影响（$p>0.05$）。同时差异对比分析显示，干预组易感性认知、行为态度、主体规范、主观控制感和行为意向变量值均显著高于对照组，表示在此阶段防止受试者行为退出并促使其行为规律性的匹配干预手段有效。

（五）维持阶段

对维持阶段的受试个体进行锻炼干预后，统计分析结果如表 6.16~6.18 所示。

表 6.16 维持阶段协方差预分析

方差来源	p 值
分组 * 前测易感性认知	0.871
分组 * 前测严重性认知	0.550
分组 * 前测行为态度	0.213
分组 * 前测主观控制感	0.247
分组 * 前测行为意向	0.921

注：* 表示在 0.05 的水平下差异显著。
　　** 表示在 0.01 的水平下差异显著。

表 6.17 维持阶段协方差分析

方差来源	p 值
前测易感性认知	0.771
前测严重性认知	0.196
前测行为态度	0.059
前测主观控制感	0.317
前测行为意向	0.524

注：* 表示在 0.05 的水平下差异显著。
** 表示在 0.01 的水平下差异显著。

表 6.18 维持阶段性干预对相关因素的效果分析

变量	干预组	对照组	p 值
易感性认知	4.60±0.433	4.38±0.561	0.000 **
严重性认知	4.50±0.235	4.28±0.184	0.006 **
行为态度	4.92±0.636	4.78±0.572	0.000 **
主观控制感	4.83±0.352	4.70±0.492	0.000 **
行为意向	4.85±0.484	4.67±0.435	0.017 *

注：* 表示在 0.05 的水平下差异显著。
** 表示在 0.01 的水平下差异显著。

研究结果表明，前测易感性认知、前测严重性认知、前测行为态度、前测主观控制感和前测行为意向变量对干预效果均没有影响（$p > 0.05$）。同时差异对比分析显示，干预组易感性认知、严重性认知、行为态度、主观控制感及行为意向等变量值均显著高于对照组，表示在此阶段促使锻炼个体保持现有锻炼状态并防止放弃锻炼行为的匹配干预手段有效。

第三节　干预效果的实践指导

一、前意向阶段

对前意向阶段而言，严重性认知、易感性认知、行为益处认知和行为障碍认知变量是显著预测变量。在此阶段，干预的目的是促使受试者尽快形成锻炼意识。个体对于锻炼益处认知较弱，尤其对于长期不参加体育锻炼可能产生的身体及生活的负面影响有较多的抵触情绪，多数尚没有锻炼意图。提示在健康行为促进过程中，针对此阶段人群，进行锻炼益处知识和缺乏锻炼的危险性交流相对比较重要，或许对提升其锻炼意向的加强和锻炼活动的加入有较好效果。

在对锻炼益处与障碍认知的总体水平进行分析的基础上发现，居民个体对于体育锻炼的多数益处项目表示"同意"或者"非常同意"，而对于体育锻炼的障碍项目同意程度稍低。说明居民虽然还没有完全形成有规律体育锻炼的习惯，但对于参加体育锻炼的好处有较为充分的认知。

因此，对于个体不参加体育锻炼行为的影响来说，运动障碍的作用比运动益处的作用更强烈，这一点与之前的相关研究结果相符合。基线调查结果显示，被调查者认同度最高的体育锻炼益处是身体机能，如肌肉力量、身体平衡、身体外形等，这些是个体对伴随体育锻炼行为结果的直观评价和感受。计划行为理论认为，个体对参与某种行为后的行为结果信念和对行为结果的评价直接影响到个体对某种行为的态度。其次是心理观念和生命促进，这与现代居民的生活方式有很大的关系，减压以及维持与改善生命质量已成为人们工作之余活动的重要方面。不同的是，在基线调查时被调查者认为，参加体育锻炼最大的障碍是体力消耗，次之是锻炼环境和时间开销。随着人们生活水平的提高，电视、计算机、游戏机等在居民家庭中随处可见，使得人们不爱运动、坐多动少的生活方式得到了加强，居民整体体质状况有所下降。据《第三次国民体质监测报告》（2011）显示，自 2000 年以来，我国成、老年人的体重增长幅度大于身高，超重与肥胖率持续增长。

全国国民体质监测结果显示："2010 年全国达到《国民体质测定标准》'合格'以上标准的人数比例为 88.9%。3～6 岁幼儿达到'合格'以上标准的比例为 92.9%，20～39 岁成年人为 88.4%，40～59 岁成年人为 87.6%，60～69 岁老年人为 86.4%；男性达到'合格'以上标准的比例为 88.3%，女性为 89.4%。城镇人群达到'合格'以上标准的比例为 91.5%，乡村为 84.7%"[①]。另外，体育场地设施的缺乏和不够完善，也是影响居民参加体育锻炼的重要原因。目前，虽然在很多生活社区中都设有一些体育设施和器材，但数量相对较少、品种单一，很难满足不同体育运动爱好者的需求。调查中，不少居民也认为，较为完善的锻炼场所距离较远，使得一些体育项目无法开展。

综上所述，在前意向阶段对于受试者个体进行的阶段性干预手段，即体育锻炼知识宣传的强化等方式，对改变个体的锻炼行为有效。

二、意向阶段

对意向阶段而言，行为线索、行为态度是显著预测变量。在此阶段，个体干预的目的是促使受试者从意向状态转向行动计划。

该阶段的个体已经意识到体育锻炼带来的好处，因此锻炼知识交流作为辅助手段即可，而行为线索作为外在影响因素，具体包括医生建议、电视广告因素、朋友建议、报纸杂志影响、家人建议、朋友疾病经验、家人疾病经验等方面，这对居民个体行为的转变具有一定的影响作用。

如在实验进行过程中，与一位居民受试个体进行的对话如下：

> 居民受试个体：苏女士，32 岁，家住航空港学府家园，职业：公司职员。
> 部分对话过程：
> 干预工作人员："您平时参加体育锻炼吗？"
> 苏女士："不参加。"

---

① 国家体育总局. 第三次国民体质监测报告[R]. 2011.

> 干预工作人员："您觉得体育锻炼活动跟身体健康关系不大吗？"
>
> 苏女士："我知道体育锻炼活动对身体好，平时各方面获取的信息都宣传了这些，身边有一些朋友也常参加锻炼，如健身、跑步、登山这些活动。"
>
> 干预工作人员："您没想过跟他们一起进行这些活动吗？"
>
> 苏女士："暂时没有这个想法。"
>
> 干预工作人员："为什么？"
>
> 苏女士："没有精力和时间。公司平时上班都挺忙的，下班回来已经觉得挺累了，而且现在上下班都是挤公交或者是地铁，我觉得除了上下班路上的这些辛苦，剩下的时间在公司坐着已经很舒服了，有时候想多坐一会儿的时间可能都不允许。所以没想过再抽出时间去参加健身。"
>
> 干预工作人员："除此之外，还有什么顾虑或者障碍吗？"
>
> 苏女士："家附近除了小区有些免费的健身器械，而且这些器械有些都坏了，除此之外，免费的体育场地几乎没有，很不方便。"
>
> 干预工作人员："如果这其中的有些障碍被克服了，如周边具备可以锻炼的丰富资源，有些还是免费的，社区主动组织一些锻炼活动和指导等，您会考虑以后参加体育锻炼吗？"
>
> 苏女士："可以考虑。"

因此，对于此阶段个体来说，已经存在锻炼意向，但出于对锻炼困难的放大估计或锻炼方法的缺失，还需要外在动力的推动作用，以强化其锻炼态度，因此，适当的锻炼指导（如锻炼计划或运动处方的了解），克服心理锻炼障碍是此阶段干预的有效手段。

三、准备阶段

在准备阶段，行为线索、行为障碍认知、行为态度、主体规范和行为意向是显著预测变量。该阶段干预的目的是促使受试者从行动计划转向行动实施。

如在实验进行过程中，与一位居民受试个体进行的对话如下：

> 居民受试个体：唐先生，51岁，家住成都市九茹村38号，职业：会计。
> 部分对话过程：
> 干预工作人员："您平时参加体育锻炼吗？"
> 唐先生："现在还没参加，但有这个打算。"
> 干预工作人员："为什么现在有参加体育锻炼的打算呢？"
> 唐先生："身边的朋友、家人很多都建议我去锻炼一下身体，而且有时候会觉得自己的肩膀、颈椎和腰部这些地方坐久了就不舒服，很多人都说锻炼一下身体对防止这些小毛病有作用。"
> 干预工作人员："那现阶段为什么不去进行锻炼活动呢？"
> 唐先生："工作之余的时间还是可以找出来的，但是没有合适有效的锻炼方法，平时只在周围的公园散步，活动下筋骨。其他的锻炼方法暂时还不会。"
> 干预工作人员："如果我们可以帮助您制订与您身体状况吻合的锻炼计划，您可以接受吗？"
> 唐先生："当然很乐意接受。"

此阶段个体已经存在体育锻炼的计划或打算，在锻炼方式方法上尚处于选择环节，部分外在因素对于此阶段的个体起到一定作用，如对其最重要的人或对其期望较大的人的影响。因此主体规范在此阶段作为一个重要的预测因素变量，提示在此阶段干预过程中，要对个体进行适当深入访谈，加以心理引导，以确立锻炼行为在其意识中的重要地位。健康干预过程中，还要辅助其指定体育锻炼计划，以帮助其尽早实现行为转变。

四、行动阶段

对于行动阶段者来说，易感性认知、态度、主体规范、主观控制感、行为意向是显著预测变量。该阶段干预的目的是防止受试者锻炼行为退出，并促使其行为的规律性。

此阶段是意向到行动结果转化的重要环节，个体在锻炼过程中正逐步形成内在的认知和动机，因此，对该阶段的健康行为干预，主要放在预防阶段倒退和强化态度部分,如在实践工作中,可通过示范性作用或者体现式对比(如以下的对比案例卡),增强其进行下一步有规律体育锻炼的信心。

> ◆ 案例卡
> 　　吴先生,男,37岁,家住成都市贝双街。本人自述血压状况不稳定。参加体育锻炼前,由于工作压力较大,血压一直处于不稳定状态,影响睡眠质量,导致精神状态不佳,容易感冒。之前血压为 138/90 mmHg,坚持体育锻炼 8 个月左右,睡眠质量有所好转,由于经常参加锻炼,血压有所下降,为 122/82 mmHg,精神面貌较好,免疫力也有很大的提高。

> ◆ 案例卡
> 　　刘女士,女,55岁,家住金雁路 288 号。本人自述参加体育锻炼前体质很弱,经常感冒,而且腰椎也不好,后经朋友劝说参加体育锻炼长达 1 年左右,现在腰椎引起的腿痛有明显的好转,体质也有明显的改变。

五、维持阶段

对于维持阶段,个体已经完成至少 6 个月有规律的体育锻炼,本阶段个体对于锻炼行为的认知有清晰的认知和独立的思考及决策能力,外在影响因素如行为线索、行为障碍等已经不足以对其锻炼行为产生决定性的影响。该阶段干预的目的是促使其保持现有锻炼状态并防止放弃锻炼行为。

对于该阶段的干预活动,可采用示范性强化的方式,如将部分维持阶段个体作为对其他阶段个体进行示范模仿和影响的对象,如这些个体的锻炼方法和坚持锻炼的方式等方面。此种借鉴既可以增强其他阶段个体的锻炼信心,又可提高维持阶段者的自我满足感。同时,可对其身体体质指标进行一定的测试对比,增强其对严重性和易感性因素的认知,以达到更好的干预效果。

后 记

笔者在选题、研究设计、研究实验到研究总结这个漫长的过程中，对个体健康促进有了较深入细致的探究，并受益匪浅。在健康中国的"大健康"视野下，体育可以全周期、全人群地保障人的身体健康。习近平总书记在全国卫生与健康大会上强调："没有全民健康，就没有全面小康"，充分体现了我们党以人民为中心的发展理念。但是，我们也要清醒地看到，人民群众日益增长的多元化、多层次体育需求与体育有效供给不足的矛盾依然突出。在研究过程中，笔者也深切认识到了这一点。

个体锻炼行为促进是一项系统工程，需要政府、社区、体育组织者、居民自身等各方面的协调与配合。笔者虽然对理论部分进行了一定程度的阐释，也经过了部分实证检验，但为使行为干预更好地接近群体生活，后续研究计划将干预计划和措施制作为多媒体网络系统，以期达到随时随地对居民自身进行行为促进的目的，并为提升我国国民体质水平出一份力。

特别感谢四川大学商学院徐玖平教授、成都体育学院刘青教授的悉心指导和帮助，你们传授的学习思想、探索思路和工作点滴，将铭记于心。同时，也对成都体育学院相关部门同事的帮助和支持深表感谢。

郭新艳
2016 年 11 月

参考文献

[1] BERNSTEIN L, HENDERSON B E, HANISCH R, et al. Physical exercise and reduced risk of breast cancer in young women[J]. J Natl Cancer Inst, 1994, 86 (18): 1403-1408.

[2] PINTO B M. Training and maintenance of breast self-examination skills[J]. American Journal of Preventive Medicine, 1993, 9 (6): 353-358.

[3] MARCUS B H, PINTO B M, AUDRAIN J E, et al. Physical activity behavior among female employees[J]. American Journal of Health Promotion, 1994, 9: 49-55.

[4] FULTON J E, KOHL H W. 2008 Physical Activity Guidelines for Americans[Z]. U. S. Department Health Human Services, 2008.

[5] Prevalence of insufficient physical activity, age 15+, age-standardized: both sexes[C]. Geneva: World Health Organization, 2008.

[6] BARRETO P de S. Why are we failing to promote physical activity globally? [J].Bull World Health Organ, 2013, 91: 390-390A.

[7] Queensland Health. The Health of Queenslanders: Prevention of Chronic Disease 2008. Second Report of the Chief Health Officer Queensland[R]. Queensland Health: Brisbane, Australia, 2008.

[8] Queensland Health. Risk Factor Impact on the Burden of Disease and Injury in Queensland[R]. 2003.

[9] Department of Health. Choosing Health: Making Healthier Choices Easier[R]. Department of Health Publications: London, UK, 2004, 2005.

[10] KAHN E B, RAMSEY L T, BROWNSON R E, et al. The Effectiveness

of Interventions to Increase Physical Activity: A Systematic Review[J]. American Journal of Preventive Medicine, 2002, 22 (4): 73-107.

[11] AJZEN I, FISHBEIN M. Understanding Attitudes and Predicting Social Behavior[M]. Englewood Cliffs, New Jersey: Prentice Hall, 1980.

[12] AJZEN I, MADDEN T. Prediction of goal-directed behavior: Attitudes, intentions, and Perceived behavioral control[J]. Journal of Experimental Social Psychology, 1986, 22: 453-474.

[13] AJZEN I. Attitudes, Personality, and behavior[J]. Chicago: Dorsey, 1988.

[14] AJZEN I. The theory of planned behavior [J].Organizational Behavior and Human Decision Processes, 1991, 50: 179-211.

[15] BANDURA A. Social foundations of thought and action: A social cognitive theory[J]. Englewood Cliffs, NJ: Prentice-Hall, 1986.

[16] PROCHASKA J, MARCUS B H. The transtheoretical model: Applications to exercise[J]. In Advances in Exercise Adherence; Dishman, R.K., Ed.; Human Kinetics: Champaign, IL, USA, 1994: 161-180.

[17] PROCHASKA J, VELICER W, ROSSI J, et al. Multiple Risk Expert Systems Interventions: Impact of Simultaneous Stage-Matched Expert System Interventions for Smoking, High-Fat Diet, and Sun Exposure in a Population of parents[J]. Health psychology, 2004, 23 (5): 503-516.

[18] SCHWARZER R, RENNER B. Soeial-cognitive Predietors of Health Behavior: Action self-efficacy and coping self-efficacy[J]. Health psychology, 2000, 19 (5): 487-495.

[19] SCHWARZER R, SEHUZ B, ZIEGELMANM J P, et al. Adoption and Maintenance of Four Health Behaviors: Theory-guided longitudinal studies on dental flossing, seat belt use, dietary behavior, and physical

activity[J].Annuals of Behavioral Medicine, 2007, 33 (2): 156-166.

[20] SCHWARZER R. Models of health behaviour change: Intention as mediator or stage as moderator? [J]. Psychology & Health, 2008, 23 (3): 259-263.

[21] COURNEYA K S, BOBICK T M. Integrating the theory of planned behavior with the process and stages of change in the exercise domain[J]. Psychology of Sport and Exercise, 2000, 1: 41-56.

[22] MARTIN S H, NIKOS L D. Integrating the theory of planned behaviour and self-determination theory in health behavior: A meta-analysis[J]. British journal of Health Psychology, 2009, 14: 275-302.

[23] MONTOYE H J. Physical activity and health: an epidemiologic study of an entire community[M]. Prentice-Hall, Inc., Englewood Cliffs, NJ, 1975.

[24] SUTTON S. Explaining and predicting intentions and behavior: How well are we doing? [J]. Journal of Applied Social Psychology, 1998, 28 (15): 1318-1339.

[25] American College of Sports Medicine. ACSM's Guidelines for Exercise Testing and Prescription[M]. 6th ed. Lippincott, Williams, Wilkins: Baltimore, MD, USA, 2000.

[26] DUNN C, ROLLNICK S. Lifestyle change[M]. Elsevier Limited: London, 2003.

[27] HIROSHI M, KOJI T. Motivational profiles and stages of exercise behavior change [J]. International Journal of Sport and Health Science, 2004, 2: 89-96.

[28] EL A W, PHILLIPS C J. The Costs and benefits of participants in community partnerships. A paradox?[J].Health Promot Pract. 2004, 5: 35-48.

[29] VAUGHN S. Factors influencing the participation of middle-aged and

older Latin-American women in physical activity: stroke-prevention behavior [J]. Rehabil Nurs. 2009, 34 (1): 17-23.

[30] LOVELL G P, ANSARI W E, PARKER J K. Perceived Exercise Benefits and Barriers of Non-Exercising Female University Students in the United Kingdom[J]. International Journal of Environmental Research and Public Health, 2010, 7 (3): 784-798.

[31] ADAMS J, WHITE M. Are activity promotion interventions based on the transtheoretical model effective? A critical review[J]. Bri J Sports Med, 2003, 37: 106-114.

[32] BRIDLE C, RIEMSMA R P, PATTENDEN J, et al. Systematic review of the effectiveness of health behavior interventions based on the trans-theoretical model[J]. Psychology Health, 2005, 20: 283-301.

[33] NOAR S M, BENAC C N, HARRIS M S. Does tailoring matter? Meta-analysis review of tailored print health behavior change interventions[J]. Psychology Bulletin, 2007, 133 (4): 673-683.

[34] COURENYA K S, BOBICK T M. Integrating the theory of planned behavior with the progresses and stages of change in the exercise domain[J]. Psychology Sport Exercise, 2000, (1): 41-56.

[35] 司琦, 于可红, 陈谦, 等. 阶段变化模型在身体活动领域应用研究的综述: 1998 年至 2012 年[J]. 体育科学, 2013, 33 (5): 74-83.

[36] CARRON A V, HAUSENBLAS H A, ESTABROOKS A. The psychology and physical activity[M]. McGraw Hill, 2003.

[37] NORMAN G J, SCHMID B A, SALLIS J F, et al. Psychological and environmental correlates of adolescent sedentary behaviors[J]. Pediatrics, 2005, 116 (4): 908-915.

[38] RHODES R E, NIGG C R. Advancing physical activity theory: A review and future directions[J]. Exercise Sport Science Review, 2011, 39 (3): 113-119.

[39] MARCUS B H, BANSPACH S W, LEFEBVRE R C, et al. Using the

change model to increase the adoption of physical activity among community participants [J]. American Journal of Health Promotion, 1992, 6: 424-429.

[40] Liska A E. A Critical Examination of the Causal Structure of the Fishbein/Ajzen Attitude-Behavior Model[J]. Social Psychology Quarterly. 1984, 47 (1): 61-74.

[41] WANKAL L M, MUMMERY K, STEPHENS T, et al. Prediction of Physical activity intention from social Psychological variables: Results form the Campbell's survey of well-being [J]. Journal Sport and Exercise Psychology, 1994 (16): 56-69.

[42] CHATZISARANTIS N L D, HAGGCR M S. Effects of an intervention based on Self-Determination Theory on self-reported leisure-time physical activity participation [J]. Psychology and Health, 2009, 24 (1): 29-48.

[43] CHATZISARANTIS N L D, HAGGER M S, SMITH B. Influences of perceived autonomy support on physical activity within the theory of planned behavior [J]. European Journal of Social Psychology, 2007, 37 (5): 934-954.

[44] ARMITAGE C J, CONNER M. Efficacy of the Theory of Planned Behavior: A meta-analytic review [J]. British Journal of Social Psychology, 2001, 40 (4): 471-499.

[45] COURNEYA K S, BOBICK T M. Integrating the theory of planned behavior with the processes and stages of change in the exercise domain[J]. Psychology of Sport & Exercise, 2000, 1 (1), 41-56.

[46] MOHIYEDDINI C, PAULI R, BAUER S. The role of emotion in bridging the intention-behaviour gap: The case of sports participation [J]. Psychology of Sport and Exercise, 2009, 10: 226-234.

[47] MARCUS B H, OWEN N. Motivational readiness, self-efficacy and decision-making for exercise [J]. Journal of Applied Social Psychology,

1992, 22 (1): 3-16.

[48] LIPPKE S, WIEDEMANN A U, ZIEGELMANN J P, et al. Self-efficacy Moderates the Mediation of Intentions into Behavior via Plans[J]. American Journal of Health Behavior, 2009, 33(5): 521-529.

[49] LIPPKE S, ZIEGELMANN J P, SCHWARZER R, et al. Validity of Stage Assessment in the Adoption and Maintenance of Physical Activity and Fruit and Vegetable Consumption[J]. Health Psychology: official journal of the Division of Health Psychology, American Psychological Association, 2009, 28 (2): 183-193.

[50] LUSZEZYNSKA A, CAO D S, MALLACH N, et al. Intentions, Planning, and Self-Efficacy Predict Physical Activity in Chinese and Polish Adolescents : Two Moderated Mediation Analyses[J]. International Journal of Clinical and Health Psychology, 2010, 10(2): 265-278.

[51] SCHWARZER R. Modeling health behavior change: how to predict and modify the adoption and maintenance of health behaviors[J]. Applied Psychology: An International Review, 2008, 57 (1): 1-29.

[52] SOFI F, CAPALBO A, CESARI F, et al. Physical activity during leisure time and primary prevention of coronary heart disease: an updated meta-analysis of cohort studies[J]. Eur J. Cardiovasc Preview Rehabil, 2008, 15 (3): 247-257.

[53] WENGREEN H J, MONCUR C. Change in diet, physical activity, and body weight among young-adults during the transition from high school to college [J]. Nature, 2009, 22 (8): 8-32.

[54] DUAN Y P, LIPPKE S, WAGNER P, et al. Testing Two Stage Assessments in a Chinese College Student Sample: Correspondences and Discontinuity Patterns Across Stages[J]. Psychology of Sport and Exercise, 2011, 12: 306-313.

[55] XIAO J J, O.NEILL B, PROCHASK J M, et al. A consumer education

program based on the Trans-theoretical Model of Change[J]. International Journal of Consumer Studies, 2004, 28（1）：55-65.

[56] 郭新艳, 李宁, 郭强. 城镇社区居民参与体育健身行为结构模型与应用[J]. 数学的实践与认识, 2010, 40（4）：1-8.

[57] 段艳平, BREHM W, WAGNER. 试论当代西方锻炼行为阶段理论[J]. 中国运动医学, 2006, 25（4）：487-490.

[58] 段艳平, 鲍政栋, WAGNER P, et al. 考察阶段模型的阶段性假说——一项银行员工体育锻炼行为的实证研究[J]. 武汉体育学院学报, 2009, 43（12）：54-57.

[59] 段艳平, 黄志剑, 姚刚彦, 等. 作为健康行为的身体活动：从无活动到保持活动的四步骤（FIT）模型应用手册[M]. Bayreuth：University Bayreuth, 2010.

[60] 段艳平, WALTER B, HELMUT S. 成年人身体活动变化的理论建构、问卷发展及系列实证研究——一项中德合作科研课题[J]. 天津体育学院学报, 2012, 27（3）：202-209.

[61] 宋晓东. 中科院知识分子的锻炼行为及其干预策略[D]. 北京：北京体育大学, 2000.

[62] 吕树庭. 社会结构分层视野下的体育大众化[J]. 天津体育学院学报, 2006, 21（2）：93-98.

[63] 尹博. 运用跨理论模型对大学生体育锻炼行为改变的实证研究[D]. 上海：华东师范大学体育与健康学院, 2007.

[64] 程小虎, 卢标. 一二年级学生体育锻炼行为阶段性特点的调查研究[J]. 武汉体育学院学报, 1998, 32（2）：44-47.

[65] 司琦. 大学生体育锻炼行为的阶段变化与心理因素研究[J]. 体育科学, 2005, 25（12）：76-83.

[66] 方敏. 青少年锻炼行为阶段变化与变化过程的关系[J]. 西安体育学院学报, 2011, 28（3）：349-355.

[67] 白文飞. 体育锻炼行为阶段改变模式理论的综述[J]. 首都体育学院学报, 2006,（3）：46-48.

[68] 毛荣建, 刘蓟生, 等. 锻炼行为激发机制的研究进展[J]. 体育学刊, 2003, 10 (2): 137-139.

[69] 郭新艳, 郭耀煌. 四川省城市社区居民体育健身行为干预效果调查研究[J]. 软科学, 2008, 22 (5): 86-89.

[70] 曹佃省, 谢光荣. 从行为意向到健康行为程式模型 (HAPA) 概述[J]. 中国临床心理学杂志, 2010, 18 (6): 809-812.

[71] 曹佃省, 谢光荣. 健康行为程式模型阶段非连续性在青少年锻炼行为中的检验[J]. 武汉体育学院学报, 2011, 45 (2): 38-42.

[72] 沈梦英. 中国成年人锻炼行为的干预策略: TPB 与 HAPA 两个模型的整合[D]. 北京: 北京体育大学, 2011.

[73] 陈善平, 闫振龙, 谭宏彦. 锻炼动机量表 (MPAM-R) 中文版的信度和效度分析[J]. 中国体育科技, 2006, 42 (2): 52-54.

[74] 漆昌柱. 运动心理测量理论与方法[M]. 武汉: 湖北辞书出版社, 2002: 163-187.

[75] 张力为, 毛志雄. 运动心理学[M]. 上海: 华东师范大学出版社, 2003.

[76] 杨廷忠, 裴晓明, 马彦. 合理行动理论及其扩展理论——计划行为理论在健康行为认识和改变中的应用[J]. 中国健康教育, 2002, 18 (12): 782-784.

[77] 孙昕霙, 郭岩, 孙静. 健康信念模式与计划行为理论整合模型的验证[J]. 北京大学学报 (医学版), 2009, 41 (2): 129-134.

[78] 温忠麟, 侯杰泰, 马什赫伯特. 结构方程模型检验: 拟合指数与卡方准则[J]. 心理学报, 2004, 36 (2): 186-194.

[79] 侯杰泰, 温忠麟, 成子娟. 结构方程模型及其应用[M]. 北京: 教育科学出版社, 2002.

[80] 郭新艳, 徐玖平. 城镇居民体育锻炼行为变化阶段量表的编制与检验[J]. 成都体育学院学报, 2010, 36 (5): 71-74.

[81] 国家体育总局. 第三次国民体质监测报告[R]. 2011.

[82] 郭新艳, 徐玖平. 不同锻炼阶段与锻炼益处及障碍认知的相关性研

究[J]. 西安体育学院学报, 2011, 28 (6): 715-720.

[83] 汤国杰, 丛湖平. 社会分层视野下城市居民体育锻炼行为及影响因素的研究[J]. 中国体育科技, 2009, 45 (1): 139-143.

[84] 李正中, 张玲玲, 等. 体育倾向性结构模型探析[J]. 湖北师范学院学报（自然科学版）, 2008, 1: 74-86.

[85] 李正中, 郭志平, 等. 我国城市居民体育倾向性模型的构建与检验[J]. 吉林体育学院学报, 2008, 3 (24): 34-36.

[86] 卢元镇. 社会体育学[M]. 北京: 高等教育出版社, 2002.

[87] 吴明隆. SPSS统计应用实务[M]. 北京: 科学出版社, 2000.

[88] 张力为, 毛志雄. 体育科学常用心理量表评定手册[M]. 北京: 北京体育大学出版社, 2004.

[89] 李正中, 郭志平, 彭彦铭. 大学新生锻炼行为《阶段变化问卷》的检验及应用[J]. 武汉体育学院学报, 2009, 43 (5): 50-53.

[90] 王静. 美国德克萨斯州儿童青少年肌肉体质健康状况及影响因素研究[D]. 上海: 华东师范大学, 2011.

附录 I 访谈问卷

访谈时间：　　　　　访谈地点：　　　　　问卷编号：

城镇居民体育锻炼行为研究访谈问卷

尊敬的专家：

您好，首先感谢您的参与和配合！我们是城镇居民体育锻炼行为研究课题组，正在进行一项关于<u>城镇居民体育锻炼行为</u>的问卷调查工作。问卷采取不记名的方式，所填数据资料仅作科学研究之用，并予以严格保密，保证不会给您的工作与生活带来任何不利影响。回答无对错之分，敬请根据您的实际想法进行作答。在问卷填写过程中，如果您有任何疑问请随时提出。

1. 您认为现阶段我国城镇居民参与体育锻炼活动存在的问题主要有哪些？

_____

_____

2. 您认为城镇居民参与体育锻炼活动的主要影响因素有哪些？

_____

_____

3. 您认为政府在促进居民个体参与体育锻炼活动过程中应该起到哪些方面的作用？

_____

_____

4. 您认为促进居民个体参与体育锻炼活动应该有哪些保障机制和措施？

_____

_____

附录Ⅱ 正式调查量表

调查时间：　　　　　调查地点：　　　　　问卷编号：

城镇居民体育锻炼行为调查问卷

您好，首先感谢您的参与和配合！我们是城镇居民体育锻炼行为研究课题组，正在进行一项关于<u>城镇居民体育锻炼行为</u>的问卷调查工作。问卷采取不记名的方式，所填数据资料仅作科学研究之用，并予以严格保密，保证不会给您的工作与生活带来任何不利影响。回答无对错之分，敬请根据您的实际情况作答。在问卷填写过程中，如果您有任何疑问请随时提出（问卷完成需要 5~10 分钟）。

（一）您的基本情况

（1）您的性别：
① 男　　　　　　　② 女

（2）您的年龄：
① 18 岁以下　　　② 18~29 岁　　　③ 30~39 岁
④ 40~49 岁　　　⑤ 50~59 岁　　　⑥ 60 岁以上

（3）您的职业类型：
① 学生　　　　　　② 事业单位人员
③ 商业、服务性质人员　④ 离、退休人
⑤ 下岗职工　　　　⑥ 其他

（4）您的文化程度：
① 小学及以下　　　② 初中　　　　　③ 高中
④ 大学（含大专）　⑤ 研究生

（二）您的运动情况

有规律的体育锻炼是指"任何有计划以促进身体健康为目的的身体活动（如快步走、健身操类、慢跑、骑自行车、游泳以及其他有氧运动等），这样的活动应该是每周进行 3~5 次，每次 20~60 分钟"。

注：以下每题的选项表示符合您真实情况的程度，请在最符合自身的选项上画钩。

BO1 请根据上述"有规律的体育锻炼"的定义，依据您目前的情况勾选合适的选项。

① 我还没有进行体育锻炼，而且我也不打算以后进行。

② 我还没有开始进行体育锻炼，但我计划在不久的将来开始（6 个月以内）。

③ 我已开始进行体育锻炼，但还没有形成规律性。

④ 我在过去的 6 个月内已经开始了有规律的体育锻炼。

⑤ 我已经完成了至少 6 个月的有规律的体育锻炼。

BO2 您进行体育锻炼的强度怎样？依据您目前的情况勾选合适的选项。

① 轻微运动（如散步、做广播操等）。

② 小强度、不太激烈的运动（如快步走、慢跑运动、太极拳运动等）。

③ 中等强度、较激烈的持久运动（如持续跑步、骑自行车、乒乓球运动等）。

④ 大强度、但不持久的运动（如排球、篮球、羽毛球、网球、足球运动，以及常见的健身操类等）。

⑤ 大强度、持续性的运动（如田径类比赛、持续性的健身操、游泳等）。

BA1 对我来说，在接下来的 6 个月里进行"有规律的体育锻炼"的经历是：

非常不愉快				➡非常愉快
1	2	3	4	5

BA2 对我来说，在接下来的 6 个月里进行"有规律的体育锻炼"的

经历是：

很没有用				➔非常有用
1	2	3	4	5

BI1 在接下来的 6 个月，我愿意进行"有规律的体育锻炼"：

非常不认同	不认同	一般	认同	非常认同

BI2 在未来的 6 个月，我计划进行"有规律的体育锻炼"：

非常不认同	不认同	一般	认同	非常认同

PBC1 从我现有的时间、资源和其他条件来说，在接下来的 6 个月里进行"有规律的体育锻炼"是：

非常困难				➔非常容易
1	2	3	4	5

PBC2 "在接下来的 6 个月里，每周至少进行 3 次，每次 20 分钟以上的身体锻炼"，对此我很有信心：

非常不认同	不认同	一般	认同	非常认同

SN1 大多数对我很重要的人都认为我应该进行"有规律的体育锻炼"：

非常不认同	不认同	一般	认同	非常认同

SN2 那些我非常重视他们意见的人更希望我进行"有规律的体育锻炼"：

非常不认同	不认同	一般	认同	非常认同

PSU1 我觉得，如果不经常参加体育锻炼很容易患一些慢性疾病（如

心血管方面的疾病、关节炎、糖尿病、记忆力衰退等）：

| 非常不认同 | 不认同 | 一般 | 认同 | 非常认同 |

PSU2 如果未来我不经常参加体育锻炼，我的心理健康可能会受到一些影响：

| 非常不认同 | 不认同 | 一般 | 认同 | 非常认同 |

PSE1 我觉得，如果不参加体育锻炼，我的生活会发生很大变化：

| 非常不同意 | 不同意 | 一般 | 同意 | 非常同意 |

PSE2 我觉得，如果不参加体育锻炼，会影响到我跟周围人的关系：

| 非常不同意 | 不同意 | 一般 | 同意 | 非常同意 |

对我而言，从事体育锻炼主要的好处是：

选 项	非常不同意	不同意	不确定	同意	非常同意
PE1 减轻体重、塑形等					
PE2 可以增进精神健康					
PE3 使身体强壮					
PE4 增强身体活力					
PE5 可以认识更多的朋友，促进人际关系					

我不参加体育锻炼的主要原因是：

选 项	非常不同意	不同意	不确定	同意	非常同意
PA1 我没有足够的时间					
PA2 体力消耗太大					
PA3 缺乏运动场所					
PA4 家人及朋友不支持					

使我开始从事体育锻炼活动的主要原因是：

选　项	非常不同意	不同意	不确定	同意	非常同意
BC1 医生建议					
BC2 电视广告的宣传					
BC3 朋友的劝告					
BC4 报纸杂志中的健康信息					
BC5 家人的劝告					
BC6 朋友的疾病经验					
BC7 家人的疾病经验					

再次感谢您的支持与配合！